中学生の援助要請行動と学校適応に関する研究
――援助評価の検討――

本 田 真 大 著

風 間 書 房

―目　　次―

第1部　理論的検討

序章　中学校，適応指導教室での実践から生じた問い ………………… 3

第1章　本研究の背景 …………………………………………………… 5
　第1節　中学生の抱える諸問題の実態 …………………………………… 5
　第2節　学校心理学の援助の枠組み ……………………………………… 8
　第3節　援助要請研究の概観……………………………………………… 12

第2章　援助要請と適応に関する理論的検討 ……………………… 17
　第1節　援助要請と適応に関する研究の動向 …………………………… 17
　第2節　援助要請行動から適応に至る過程 ……………………………… 31
　第3節　援助に対する評価と適応に関する理論的考察 ………………… 33

第3章　本研究の目的と基本概念の定義………………………………… 37
　第1節　本研究の目的と意義……………………………………………… 37
　第2節　本研究の構成 ……………………………………………………… 39
　第3節　基本概念の説明と定義…………………………………………… 41

第2部　実証的検討

第4章　援助要請行動と適応の関連 …………………………………… 51
　第1節　援助要請行動と対人関係適応感の関連【研究1】…………… 51
　第2節　援助要請行動と学校適応の関連【研究2】…………………… 61
　第3節　援助要請行動と学校適応の関連―縦断的検討―【研究3】…… 68

第4節　第4章のまとめ ……………………………………………………… 76

第5章　援助評価尺度の開発 ……………………………………………… 79
第1節　援助評価尺度の項目収集【研究4】 ……………………………… 79
第2節　援助評価尺度の作成と信頼性の検討【研究5】………………… 90
第3節　援助評価尺度の妥当性の検討 …………………………………… 97
　　第1項　援助評価の因子的妥当性と自己効力感の関連【研究6】
　　　　　　……………………………………………………………………… 97
　　第2項　援助評価と自尊感情，知覚されたサポートの関連【研究7】
　　　　　　……………………………………………………………………… 106
第4節　第5章のまとめ …………………………………………………… 113

第6章　援助要請行動，援助評価が適応に与える影響 ……………… 115
第1節　援助要請行動，援助評価と適応の関連―縦断的検討―【研究8】
　　　　　……………………………………………………………………… 115
第2節　援助要請時に受けた援助と援助評価が適応に与える影響の
　　　　比較検討【研究9】 ……………………………………………… 126
第3節　援助要請時に望んだ援助と受けた援助の違いが援助評価と
　　　　適応の関連に及ぼす影響【研究10】 ………………………… 138
第4節　第6章のまとめ …………………………………………………… 149

第3部　総合的考察

第7章　総合的考察 ……………………………………………………… 153
第1節　本研究のまとめ …………………………………………………… 153
第2節　援助要請行動と学校適応に関する討論 ………………………… 162
第3節　本研究の学問的貢献 ……………………………………………… 167
第4節　本研究の実践的貢献 ……………………………………………… 169

第 5 節　本研究の限界と今後の課題 ……………………………………… 176

引用文献 ……………………………………………………………………… 179
本論文を構成する研究の発表状況 ………………………………… 187
謝辞 …………………………………………………………………………… 189
資料 …………………………………………………………………………… 193

第 1 部　理論的検討

序章　中学校，適応指導教室での実践から生じた問い

　私は，大学3年生の頃より地域の公立中学校で心の教室相談員として勤務し，また適応指導教室での学生ボランティアとして活動してきた。中学校では不登校状態にある生徒や相談室に登校してくる生徒への援助に加えて，昼休みには相談室を開放し，多くの生徒に利用してもらう自由来談活動を行ってきた。適応指導教室ではそこに集まった児童生徒と活動する他に，不登校児童生徒の自宅への訪問援助をしたり，適応指導教室から学校へ復帰しようとする生徒と一緒に学校の相談室で過ごしたりもした。それらの援助実践を通して児童生徒，学校の教師，適応指導教室の職員とスーパーバイザーといった多くの人々と出会う中で「児童生徒にとってのよりよい援助をしたい」という思いが強くなっていくとともに，ある疑問を抱くようになった。それは，「悩みを相談するとどんなことが起き，それは中学生にとってよいことなのか？」という「実践上の問い」である。

　児童生徒の様子を見たり一緒に話したりすると，「悩みを相談してよかった」という経験を振り返って話す生徒がいる一方で，「悩みを相談したけど何も変わらない，無駄だった」と語る生徒もいる。また，自由来談活動の中では「悩みを相談したことがない」と言い，学校生活を楽しんでいるように見える生徒とも出会う。人はいろいろな経験をして成長していくと思うし，相談したことで気持ちが救われる経験をしたり，逆に相談したことで小さな傷つきを感じ，失敗したと思ったりすることもその人自身の成長の糧になるであろう。しかし，人が苦しんだ末に相談したことでさらに傷つき，苦しむほどの大きな傷を負うことや，相談したことで悩んでいたこと以上に嫌な体験を味わうことは避けたい。そう思いながら自分の実践を振り返ってみると，果たして相談することは児童生徒にとってどのような体験であるのか。

一つひとつの相談・援助の積み重ねが児童生徒の人生にほんの少しだけ，じわじわと影響を与えていくと考えると，ますます私の中の「実践上の問い」への興味が湧いてきた。

　この実践の中で出会った問いに応えるべく，研究をしようと思った。

第1章　本研究の背景

　第1章では，序章で述べた「実践上の問い」に関する実態を各種統計資料・実態調査研究をもとに把握し，「悩みの相談」という現象を説明する心理学の概念である「援助要請」に関する研究を概観する。第1節においては，現代の中学生の抱える問題や悩みの相談相手に関する実態を把握する。第2節では，本研究を行い，その知見を実践に活かす際の背景理論としての「学校心理学」に関して，特に学校心理学における援助の枠組みについて概説する。第3節では，近年の援助要請研究への注目の高まりを示し，その中でも特に関心が寄せられている対象や現象について考察する。加えて，援助要請研究の意義を示す。

第1節　中学生の抱える諸問題の実態

　内閣府（2008）による平成19年版青少年白書によれば，平成17年度に30日以上欠席した不登校の中学生は99,578人であり，平成13年度以降は減少が続いているが，全生徒数の2.75％を占めており，依然として深刻な数に上っている。また，文部科学省（2006）による「平成18年度児童生徒の問題行動等生徒指導上の諸問題に関する調査」では，いじめに関して平成18年度の調査より定義を変更しているが，平成17年度にはいじめは「自分より弱いものに対して一方的に，身体的・心理的な攻撃を継続的に加え，相手が深刻な苦痛を感じているもの」という定義のもとに調査され，その結果，中学校でのいじめの発生件数は12,794件であったと報告されている。中学校1校あたりでは1.2件のいじめが発生していた。平成18年度にいじめの定義が「一定の人間関係のある者から，心理的・物理的な攻撃を受けたことにより，精神的な

苦痛を感じているもの」と変更され（文部科学省，2006），発生件数ではなく，認知件数として調査を行っている。その結果，中学校では51,310件のいじめが認知されており，中学校1校あたり4.7件のいじめが認知されていた。このように，不登校やいじめは中学生にとって身近な問題であり，どの中学校にも起こりうる問題であると言える。

通常の学級に在籍する特別な教育的支援を必要とする児童生徒数に関して担任教師を対象に行った調査では（文部科学省，2003），小学校1年生～中学校3年生の41,579人の中で学習面で著しい困難を示す児童生徒（「聞く」「話す」「読む」「書く」「計算する」「推論する」の一つあるいは複数で著しい困難を示す）が4.5％，行動面で著しい困難を示す児童生徒（「不注意」「多動性－衝動性」「対人関係やこだわり等」の一つか複数で著しい困難を示す）が2.9％，学習面および行動面の双方で著しい困難を示す児童生徒が1.2％であり，全体では6.3％であった。この結果は担任教師による回答にもとづくものであり，学習障害の専門家チームによる判断や医師による診断ではないが，教師から見て学習面や行動面に困難さを抱える児童生徒数として理解できる。

中学生の悩みの相談に関する意識の実態調査として，石隈・小野瀬（1997）は北海道，東北地方，関東地方，四国地方の中学生1,469名を対象とし，学習面，心理・社会面，進路面で悩んだときの相談相手について尋ねた。その結果，相談相手として友人を選択した生徒が約34％と最も多く，次いで保護者（約23％），教師（約17％）となっていた。一方で，悩んだときに誰にも相談しないという生徒が約38％存在することが明らかになった。永井・新井（2005）は悩んだときに誰にも相談しないという生徒を「相談意図のない者」と「相談したくてもしない者」の観点から分類し，関東地方の中学生2,075名を対象として心理・社会面の悩みの相談の実態を検討した。その結果，悩んだときに「相談したいと思ったがしなかった」という生徒は，相談相手が友人である場合に14.0％と最も多く，次いで保護者（13.0％），教師（9.1％），スクールカウンセラー（4.9％）であったと報告している。前述の

Table1-1-1　中学生の時期における発達課題と教育課題（石隈（1999）より抜粋）

発達課題

学習面
　　抽象的な思考や科学的論理が実行できる
　　社会の仕組みを理解して，社会の問題点を把握し，批判できる
　　内面の言語化が可能になる
心理・社会面
　　身体的な変化を受け入れ，対処することができる
　　親から情緒的に自立し，自分なりに行動し，判断する
　　親しい友人を作り，親密かつ率直な話ができる
　　性役割の変化に応じて行動できる
　　異性とのつきあいにあこがれたり始めたりする
進路面
　　同輩との関連で，自己の相対的位置づけを知り，自分なりの個性的な価値について自信をもつ
　　社会的役割を積極的に体験することで，「ありたい自分」について語れる
　　社会の価値を知ったうえで，自分なりの価値や倫理をもち，行動に生かしている
　　進路の選択を考え，方向を見出す
　　意見・価値観の異なる他者との関連がつくれる
　　葛藤を解決する力を身につける
　　現実と夢のギャップに気づく

教育課題

学習面
　　中学校での学習に興味・関心をもつ
　　学習習慣を維持・強化する
　　各教科の授業に参加し，理解する
　　小学校時代の学習成果を補いながら，生かしながら，新しい教科内容を理解する
　　中学時代の学習生活や学習内容に応じる学習方略を獲得する
　　高校受験の準備の学習を行う
心理・社会面
　　中学生である自分を受け入れる
　　入学した中学校を受け入れ適応する
　　自分のイライラを受け入れ，対処する
　　学級や部活動で，親しい友人を作る
　　学級担任の教師や教科の教師と適切な人間関係を作り維持する
新路面
　　学習内容と将来を結びつける
　　学級や部活や生徒会活動などで，自分の行動について選択する
　　自分の将来設計をしてみる
　　将来の進路について，複数の可能性を考え情報を収集する
　　具体的な進路について教師・保護者に相談して決定してみる

文部科学省（2006）の調査では，いじめられた生徒の相談状況に関する調査も行われている。その結果によれば，いじめられた生徒が相談する相手は学級担任が66.6％と最も多く，次いで保護者や家族等（32.6％），学級担任以外の教職員（養護教諭，スクールカウンセラー等の相談員を除く，18.5％），友人（14.2％），養護教諭（10.2％）となっている。そして，誰にも相談していない生徒は9.3％であり，これはスクールカウンセラー等の相談員に相談した生徒（8.2％）よりも多いという結果であった。

以上より，多くの中学生が悩んだときに友人，保護者，教師といった身近な他者に相談するという対処を行っている一方で，相談したいと思ったがしなかったという生徒やいじめられたときに相談しないという生徒が中学生全体の10％程度存在すると言える。

悩みの内容に関して，石隈（1999）は児童生徒が抱える「問題」の背景にある「発達課題」と，発達課題と関連して生じる学校教育上の課題である「教育課題」に焦点をあて，それら双方における問題状況を援助することを提唱している。そして，児童期，青年期の発達課題と教育課題を，学習面，心理・社会面，進路面から整理している。中学生の時期における発達課題と教育課題の例を石隈（1999）より抜粋し，Table 1-1-1 に示した。

第2節　学校心理学の援助の枠組み

学校心理学とは，「学校教育において一人ひとりの児童生徒が学習面，心理・社会面，進路面における課題への取り組みの過程で出会う問題状況の解決を援助し，成長することを促進する心理教育的援助サービスの理論と実践を支える学問体系」と定義される（石隈, 1999）。学校心理学の中心概念である「心理教育的援助サービス」については，以下のことが強調される。すなわち，心理教育的援助サービスは，①学習面，心理・社会面，進路面，健康面など，子どもの学校生活がトータルに扱われる，②教師やスクールカウン

セラーが保護者と連携して行われる，③すべての子どもを対象とする活動から，特別なニーズを持つ子どもを対象とする活動までが含まれる（石隈，2004）。

以下では中学生に対する援助を考える際の枠組みとして，学校心理学の援助の対象，援助者，援助の内容について概観する。

1．援助の対象

学校心理学における援助の対象は2つに分類される。第1に，すべての児童生徒である。一人ひとりの子どもが学校生活を通して発達課題，教育課題に取り組みながら成長することが尊重される。第2に，教師，保護者および学校組織への援助である。つまり，学校心理学は援助者への援助と援助者同士の協働を強調する。保護者は子どもの家庭教育の責任者であり，保護者の子どもへの援助という役割遂行に関わる問題状況を援助する。学校組織に対しては，学校組織の心理教育的援助サービスという課題遂行に伴う問題の解決や危機状況（子どもの自殺，教師の自殺など）への対応という形で行われる（石隈，1999）。

2．援助者

学校心理学では，援助者を専門的ヘルパー，複合的ヘルパー，役割的ヘルパー，ボランティア的ヘルパーの4種類に分類している（石隈，2004）。専門的ヘルパーとは，心理教育的援助サービスを主たる仕事とする者のことである。スクールカウンセラーなどが該当する。

複合的ヘルパーとは職業上の複数の役割に関連させながら，その一つあるいは一側面として心理教育的援助サービスを行う者である。学校教育の中では教師が複合的ヘルパーにあたり（石隈，1999），担任教諭，養護教諭，教育相談担当教諭，生徒指導担当教諭などのさまざまな立場から援助を行っている（飯田，2008）。近年では新たな援助者として特別支援教育コーディネー

ターが各小中学校において指名され，校内および関係機関の連絡調整を行う役割を担っており，その研究も散見されるようになってきている（レビューは，海津，2005）。

役割的ヘルパーは，役割の一つあるいは一側面として心理教育的援助サービスを行う者のことであり，子どもにとっての役割的ヘルパーは保護者である。

ボランティア的ヘルパーとは職業上や家族としての役割とは直接的には関係なく，子どもや教師，保護者にとって援助的な関わりを自発的にする者のことである。学校では子どもの友人，地域では子どものアルバイト先の店長などが該当する（石隈，1999）。

このように学校心理学ではさまざまな援助者が想定されている。飯田（2008）は多くの援助者が存在することは子どもや教師，学校の苦戦が大きく，個のニーズに応じる専門性の高いスタッフを学校が必要としていることを表すと同時に，複数の援助者が「子どもの学校生活の質を高める」という共通の目標のもとで協働する必要があると指摘している。

3．援助の内容

学校心理学ではすべての子どもへの援助サービスも援助ニーズの大きい子どもへの援助サービスもどちらも重視しており，子どもの幅広い援助ニーズに応じることを目指し，3段階の援助サービスモデルを提唱している。

一次的援助サービスでは，子どもが発達上の課題や教育上の課題を遂行する上で持つ援助ニーズに対応することを目指す。対象とする母集団（学校，学年，学級の子どもなど）のすべての子どもが持つと思われる基礎的な援助ニーズや多くの子どもが共通に持つと考えられるニーズに応じることを目指す（石隈，1999）。子どもの課題に取り組む能力を促進するので，開発的援助とも呼ばれる（小野瀬，2004）。一次的援助サービスの担い手は教師であり，スクールカウンセラーが教師や学校組織へのコンサルテーションを行うとい

う役割も大きい（石隈，1999）。

　二次的援助サービスでは，発達課題や教育課題の取り組みに困難を持ち始める（登校を渋る，学習意欲を失ってきた，友人を作りにくいなど），これから問題を持つ危険性が高い（転校生，帰国子女，家庭環境で悩みを持つなど）といった児童生徒を対象とする。これらの「一部の子ども」のもつ援助ニーズは一次的援助サービスだけでは満たされない。二次的援助サービスは子どもの問題が大きくなって子どもの成長を妨害しないようにすることを目的とする。教師や保護者はこのような援助ニーズの大きい子どもを早期に発見し，援助を開始する。スクールカウンセラーは発見された「気になる子ども」への援助について教師や保護者にコンサルテーションを行う（石隈，1999）。

　三次的援助サービスの目的は，重大な援助ニーズ（長期欠席，いじめ，障害，非行などの問題状況）を持つ「特定の子ども」が自分の持つ強さや周りの援助資源を活用しながら，自分の発達上および教育上の課題に取り組み，さまざまな問題に対処しながら学校生活を送れるように援助することである。障害のある子どもへの特別支援教育も三次的援助サービスの一つと言える（石隈，1999）。

　学校心理学の研究はそれぞれ一次，二次，三次の援助サービスに貢献すると考えられる。学校心理学に関する研究を援助サービスの視点から展望した飯田（2008）によれば，危機介入，生徒の多様性に着目した研究（異文化カウンセリング），ITの利用といった研究が少ない。

4．学校心理学の枠組みから「実践上の問い」を見直す

　学校心理学の視点から「悩みを相談するとどんなことが起き，それは中学生にとってよいことなのか？」という「実践上の問い」を見直すと次のことが言える。

　まず，悩みを相談することは二次的援助サービスや三次的援助サービスが必要な生徒にとってはシステムとして用意された援助サービスを問題状況が

より大きくなる前に活用できる自助資源となる。そして，すべての生徒が悩みを抱え苦戦する可能性があることを踏まえれば，一次的援助サービスとしてすべての生徒を対象に悩みを相談したり援助サービスを利用したりできることを援助することは不適応の予防という観点から望まれることであろう。

しかし，たとえ生徒が援助を求めたとしても，必ずしも十分な援助がなされるとは限らない。中学生はさまざまな領域（学習面，心理面，社会面，身体面，進路面）に関して悩み，そして中学生の援助者もさまざまである（専門的ヘルパー，複合的ヘルパー，役割的ヘルパー，ボランティア的ヘルパー）。したがって本研究の「実践上の問い」を解決することで，生徒自身に対する一次的援助サービス（悩みの相談に関する予防的援助）と援助者や学校環境に対する援助サービス（生徒が援助を求めてきたときによりよい援助を行うための援助）の具体的な実践方法が得られると期待される。

最後に，相談することが「生徒にとってのよいこと」であるかの判断基準として，相談した後の生徒の適応状態が挙げられる。本研究では適応状態の観点から「実践上の問い」に何らかの見解を示すことを試みる。

次節では「悩みを相談すること」を心理学的な視点からとらえた「援助要請」という概念について検討し，その研究動向を概観する。

第3節　援助要請研究の概観

1．援助要請に対する注目の高まり

松井（1997）によれば，心理学における援助研究は，Latané & Darley（1970）による援助行動の研究が嚆矢となっている。その後の援助研究には2つの流れがあり，第1の流れは援助の生起に関するモデル化や向社会的行動獲得の発達的機序に関する研究，第2の流れは援助の要請や援助後の反応へと研究領域を広げ，実社会における援助のあり方を検討する研究であり，

この第2の流れは研究の源を異にしていたソーシャルサポート研究と合流して，豊かな研究を含んだ大河となりつつある（松井，2001）。援助行動研究は前者に位置づけられる。そこでは，援助行動の促進要因と抑制要因の分析に始まり，援助者の特徴，援助行動の類型や構造の解明，そして援助者の認知過程や意思決定過程のモデル化がなされてきた（西川，1998）。

一方で，援助要請研究は後者に位置づくと考えられる。援助要請行動とは，例えば難しい問題を解くのに先生やクラスメートにヒントをもらう，旅先で道を尋ねる，怪我をしたときに医者に援助を求める，心理的苦悩を持つ人が友人や精神科医などにその問題を話すなど，さまざまな内容を含む現象である（DePaulo, 1983）。援助要請行動研究は1970年代後半より主として社会心理学の分野で展開され，どのような人（属性や性格など）が，どのような困難に直面したときに，どのような援助者に対して，より積極的に援助要請するのかを明らかにすることが課題であり，近年では一般的な日常生活場面での援助要請だけでなく，専門家への援助要請行動に関する研究も臨床心理学や教育心理学の分野で研究されている（久田，2000）。

援助要請に対する注目の高まりは，援助要請に関する文献の増加からも確認できる。Figure 1-3-1 は，2008年5月に PsycINFO データベースにおいて，1993年から2007年までの過去15年間の文献を対象として検索を行ったものである。検索の条件は，キーワード "help seeking" または "seek* help" をタイトルに含む文献とした。また，同様のキーワードを用いて，調査対象者を "childhood" または "adolescence" に制限して再度検索した。Figure 1-3-1 のグラフのうち，菱形のプロットは全体の文献数を表し，四角形のプロットは児童青年を対象とした援助要請の文献数を表している。

その結果，援助要請研究は年々増加し続けていることが確認できる。2000年代以降の援助要請研究の大幅な増加の背景には，久田（2000）が述べているように，従来の援助要請研究で扱われてきた現象よりもさらに広い現象を

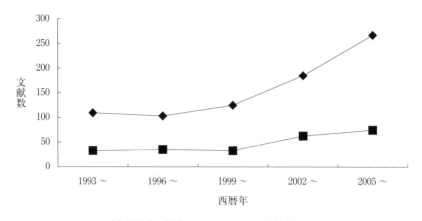

Figure1-3-1　援助要請に関する PsycINFO の文献数の 3 年ごとの推移
注）菱形のプロットは全体数，四角形のプロットは児童青年を対象とした研究の文献数を表す。

研究対象としていることがその理由として考えられる。つまり，個人的苦悩を他者に話すことや学校の授業において問題を解くためのヒントや答えを求めるというような，メンタルヘルスや学業において主要な問題となる現象への関心の高まりが予想される。

　また，児童青年を対象とした研究が近年大きく増加していることが読み取れる。したがって，援助要請研究への注目が高まっている内実として，特に児童青年の援助要請に関心が集まっていることが示唆される。

　以上により，近年の援助要請研究では児童青年の援助要請にも関心が広がっており，その中でも学業やメンタルヘルスに関する問題が注目されていると結論できよう。

2．援助要請研究の意義

　援助要請の概念において扱われる現象にはさまざまなものが含まれるが，援助要請とは，「個人が解決しなければならない問題やその必要があり他者により時間，努力，その他の資源が与えられるならば解決が可能であるとき

に，他者に直接援助を求めること」(DePaulo, 1983)，「情動的または行動的問題を解決する目的でメンタルヘルスサービスや他のフォーマルまたはインフォーマルなサポート資源に援助を求めること」(Srebnik,D., Cause,A.M. & Baydar,N., 1996) などと定義される。そして，援助要請の概念は援助を求める行動である援助要請行動（help-seeking behavior），援助を求めるという意図を表す援助要請意図（help-seeking intention），援助を求める意志である援助要請意志（willingness to seek help），援助要請に対する態度（attitude toward seeking help），そして，被援助志向性（help-seeking preference）などの変数として研究上で用いられている。

　援助要請行動は援助者と被援助者との関係の成立過程の初めの段階で生起する行動であり，継続的な援助関係を理解するためにはまず援助の要請とそれへの反応を取りあげることは，長期的な人間関係を形成している人との間で交わす援助行動の特徴をつかむために重要である（西川，1997）。また，実践的な意義として，援助要請過程を理解することはより効果的な援助プログラムの計画につながり，利用可能な資源のよりよい活用と個人のよりよいコーピングを育成することが期待される（Nadler, 1991）。

　援助要請は個人が問題を解決する可能性を高めるために有益であるとされ（DePaulo, 1983），実際に，例えばメンタルヘルスの問題でカウンセリングサービスを利用することで専門的な援助を受けることができ，個人の問題は軽減されるであろう。しかし，実際の現象としての援助要請の内実は，援助資源の過剰な活用（overutilization），不十分な活用（underutilization），そして最適な活用（optimal utilization）を含み，前者の2つはかなり非効果的なコーピングの形態であるため，援助要請とパフォーマンスとの関連を特定することで効果的あるいは非効果的なコーピング方略としての援助要請に焦点を当てる必要があると指摘されている（Nadler, 1991）。

3．援助要請研究の問題の所在

　近年の援助要請研究では，メンタルヘルスの問題や学業の問題への注目が高まっていると言えよう。学業的な問題に関する援助要請研究では，援助要請の結果（パフォーマンス）として，主に課題の遂行成績に関心が寄せられている（レビューは，村山・及川，2005）。一方で，メンタルヘルスの問題を扱った研究では，専門家への援助要請を促進する要因や抑制する要因が数多く検討されているものの（レビューは，水野・石隈，1999），それらに比べて援助要請とパフォーマンスとしてのメンタルヘルスや適応との関連を検討した研究は少なく，また，精神的健康を測定する尺度としてさまざまな尺度が用いられているため，知見の整理がなされていないのが現状である。加えて，メンタルヘルスの問題と一言で言っても，日常的な悩みから精神障害のような深刻なものまでさまざまなものが考えられ，実際に検討されている問題や悩みの内容は研究によって大きく異なることが予想される。援助要請研究において，援助要請とその結果を検討することで効果的な援助要請のあり方を示すことは研究上においても実践上においても有益である（Nadler, 1991）。

　そこで，次章では，主にメンタルヘルスの問題に関する援助要請研究を中心に，援助要請と適応・精神的健康との関連について概観する。

第2章　援助要請と適応に関する理論的検討

　第2章では，メンタルヘルスの問題やいわゆる悩みといったものに関する援助要請と適応の関連を検討した研究を概観し，先行研究によって得られている知見の整理を試みる。第1節では，援助要請と適応の関連を検討した研究を展望し，援助要請と適応に関する知見を整理し，援助要請研究の今後の方向性と課題を探る。第2節では，援助要請行動後の適応に至るプロセスについて仮説的なモデルを設定する。第3節では，第2節で取り上げた概念の中で適応にとって最も影響力が大きいと予想される援助に対する評価という概念について，先行研究を概観し，その問題点を明らかにする。

第1節　援助要請と適応に関する研究の動向

【問題と目的】

　臨床心理学・カウンセリング心理学領域の援助要請研究では，ほとんどが援助要請に影響を与える要因を検討するものであり，それらの知見を活かして悩みを抱えているが援助を求められない人に援助を求めやすくしたり，援助を求めることの抵抗が高くても利用しやすい援助サービスを構築したりすることを目指していると言えよう（レビューは，水野・石隈，1999）。しかし，援助要請後の過程を詳細に検討し，援助要請の効果について一定の見解を示すことは実践上有益であると思われる。そこで本研究では援助要請と適応の関連に関する研究を展望する。その際に，以下に示す観点から文献を展望する。

　まず，本研究では日常的な悩みを相談する現象について示唆を得るため，一次的援助ニーズに関する援助要請を中心的に取り上げる。したがって，い

じめや自殺企図などの三次的援助サービスを必要とする問題状況や特定の精神障害患者およびその家族を対象とした研究は扱わないこととする。次に日常的な悩みの相談においては，友人，家族などの身近な援助者が援助要請の相手となることが多い（石隈・小野瀬，1997）。したがって，本研究では専門家への援助要請に関しても取り上げるが，特に身近な援助者への援助要請を扱った研究に重点を置く。最後に，援助要請行動後の効果は即時的なものと長期的なもので異なることが指摘されている（Nadler & Fischer, 1986）。そこで本研究では，実際に相談した後，すなわち援助要請行動とその後の適応に関する縦断的な研究にも焦点を当てる。なお，対象は中学生に限らずに広く文献を集めることとする。

以上より本研究では，児童期・青年期における日常的な悩みごとに関する援助要請と適応の関連について文献を展望し，①援助要請の諸概念の整理，②援助要請の諸概念と適応の関連，③援助要請行動が適応に与える長期的な効果，について検討する。

【方法】

文献検索は以下の手続きによって行われた。まず，American Psychological Association が提供する PsycINFO を用いた検索を行った。検索条件として，①「Title」に「help seeking」または「seek* help」の語を含むことと，②1993年～2007年の15年間において発表されていること，③研究対象に「childhood」「adolescence」「school-age」「young-adulthood」のいずれかを含むこと，④ Peer Reviewed Journal であることとした。その結果，305件の研究が抽出された。これらの研究から本研究の目的により合致した研究を選別するため，上記の検索条件に加えて，⑤「Title」または「abstract」に「adjustment」「informal」「longitudinal」のいずれかを含むことを新たに追加した。その結果，63件の研究が抽出された。これらの文献の中から，①精神疾患患者（気分障害，PTSD，境界性人格障害など）や発達障

害者（ADHDなど）自身およびその家族を対象としているもの，②デート・バイオレンス，自殺，学業成績などの特定の問題における援助要請を扱っているもの，③主として援助要請と適応・メンタルヘルスの関連を扱っていないもの，④展望論文，を除外した。その結果，24件の研究が抽出された。

次に，国内における援助要請研究をより詳細に収集するため，国立国会図書館が提供するNDL-OPACを用いた。検索条件として，①「論文名」に「援助要請」または「被援助志向性」を含むこと，②1993年〜2007年の15年間において発表されていることとした。その結果，73研究が抽出された。これらの研究から，①研究対象に小学生〜大学生の年代の児童生徒，学生を含まないもの，②主として援助要請と適応・メンタルヘルスの関連を扱っていないもの，③学会誌に掲載されていないもの（研究紀要など），④展望論文，を除外した。その結果得られた4本の研究はいずれもPsycINFOで既に検索されているものであった。

最後に，1993年以前に発表された論文やこれらのデータベースおよび検索条件で検索されなかった論文であっても，抽出した論文の中で引用されており，かつ本研究の目的に合致する学会誌に掲載されている論文4件，対象者の年齢の基準を満たさないが，援助要請・被援助志向性と適応・メンタルヘルスの関連を扱った研究6件（そのうち，1件は1993年以前に発表された研究），国内のストレスコーピングを扱った研究において，「サポート希求」などの援助要請に近い概念を測定し，適応・メンタルヘルスとの関連を検討した学会誌に掲載されている論文4件は文献研究の対象とした。その結果，14件が新たに加えられた。

以上の手続きにより，合計38件の研究を対象に文献研究が行われた。

【援助要請に関する諸概念の検討】

援助要請は，援助要請行動（help-seeking behavior），援助要請意図（help-seeking intention），被援助志向性（help-seeking preference），援助要請態度

(attitude toward seeking help)，援助要請意志（willingness to seek help）などの概念で扱われている。

これらの違いは質問紙上の教示文に明確に示されている。例えば，援助要請行動では「過去に実際に相談した経験」を（例えば，Rickwood & Braithwaite, 1994），援助要請意図では「もし今悩んでいるとしたら相談すると思うか」を（例えば，Ciarrochi, Wilson, Deane, & Rickwood, 2003），援助要請意志では「これから先に悩んだとしたら相談したいと思うか」をそれぞれ尋ねている（例えば，Garland & Zigler, 1994）。また，援助要請態度を測定する尺度の多くは援助を要請することに対するポジティブあるいはネガティブな態度を測定する構造になっている（例えば，Kuhl, Jarkon-Horlick, & Morrisey, 1997）。

これらの中で，援助要請意図，援助要請意志はいずれも実際の経験ではなく，援助要請の意思決定を測定する方法としてまとめることができる。したがって，これらの測定方法を大別すると，①過去に実際に相談した経験を尋ねる援助要請行動，②悩んでいると仮定した場合あるいは将来悩んだと仮定した場合に相談するかどうかという意思決定を測定している援助要請意図・援助要請意志，③援助を求めることに対する態度を測定している援助要請態度の3つがあると言える。

なお，被援助志向性とは，「個人が，情緒的，行動的問題および現実生活における中心的な問題で，カウンセリングやメンタルヘルスサービスの専門家，教師などの職業的な援助者および友人・家族などのインフォーマルな援助者に援助を求めるかどうかについての認知的枠組み」と定義される（水野・石隈，1999）。この概念のもと，山口・水野・石隈（2004）は，悩んだときに誰に相談したいと思うかを，相談した経験のある人はその経験をもとに回答するように教示している。同様に，水野・石隈・田村（2006）は問題状況を提示し，「学校の先生（担任・教科担当）に相談したいと思います」という質問項目を用いてどの程度あてはまるかを尋ねている。一方で，田村・石

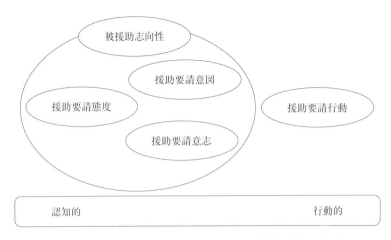

Figure2-1-1　測定方法からみた援助要請に関する概念の整理

隈（2001）や田村・石隈（2006）は複数の下位尺度から構成される被援助志向性尺度を作成し，使用している。特に，田村・石隈（2006）では被援助志向性を状態－特性ごとに測定する尺度を作成している。これらの測定方法をみると，被援助志向性は援助要請の意図や意志，態度を区別せずにとらえて測定しているとみなすことができよう。これらを測定している概念ごとに整理するとFigure 2-1-1のように表され，左側ほどより認知的，右側ほどより行動的な概念と言える。

【援助要請の諸概念ごとの適応との関連】

1．援助要請態度と適応の関連

まず，援助要請態度を規定する適応の状態に関する研究を概観する。援助要請に対するポジティブな態度は，大学生では抑うつの低さや神経質傾向の低さによって予測される（Calhoun & Selby, 1972）。また，個人のある程度一貫した適応の傾向のみでなく，その時点での情動状態や悩みの深刻さといっ

た要因も援助要請態度に影響を与えることが指摘されている。例えば，大学生においてはポジティブな気分が援助要請態度を高めるという報告がなされている（Calhoun & Selby, 1972）。しかし，危機的状況にある高校生は恐怖が強いほど自分の感情や経験をスクールカウンセラーに話したいと思うことが明らかにされている（Israelashvili, 1999）。このように，一概にポジティブな情動状態が援助要請に対するポジティブな態度に関連するとは言えない。一方で，情動の開放性が低い大学生は援助要請態度が低いことが示されている（Komiya, Good, & Sherrod, 2000）。したがって，情動状態自体が援助要請態度に関連するというよりは，そのような情動に関する開放性が高いことが援助要請に対するポジティブな態度と関連していると考えられよう。悩みの深刻さに関しては，大学生では心理的症状の深刻さの程度は援助要請態度を高めるが（Komiya et al., 2000），高校生（平均年齢15.7±1.2歳）の過去の身体症状や精神的症状は援助要請に対するネガティブな態度である被援助バリア（barriers to help-seeking）と関連がみられない（Kuhl et al., 1997）。まとめると，適応的な個人は援助要請に対するポジティブな態度を持っていること，情動状態自体が援助要請の態度に関連するというよりは情動の開放性が高いことがポジティブな援助要請態度と関連していること，そして，問題や悩みの深刻さが援助要請態度に与える影響は一様ではないことが指摘される。

援助要請態度が適応に与える影響に関する研究として，Robinson（1989）は，援助要請に対するポジティブな態度は夫のプライマリーケアをしている妻の抑うつを低めることを明らかにしている。したがって研究の数は非常に少ないが，ポジティブな援助要請態度は抑うつを低める可能性がある。

2．援助要請意図・援助要請意志と適応の関連

援助要請意図（help-seeking intention）に関して，青年（14.38±1.18歳）を対象とした研究では，情動コンピテンス（情動を同定し，記述し，扱うこと）が高いほど援助要請意図が高いことが報告されている（Ciarrochi et al., 2003）。

援助要請意志(willingness to seek help)に関しては,中学生と高校生では抑うつの低さや自己効力感の高さが学校にいる大人に心理的問題で援助を求める意志を予測することが報告されている(Garland & Zigler, 1994)。また,中学生は適応的機能(学校や家にいるときなどに自分が機能していると思う程度)が高く,心理的苦痛(抑うつ,不安,ストレス)が高いほど援助要請意志が高く,知覚されたサポートが高いほどインフォーマルな人への援助要請意志が高い(Sheffield, Fiorenza, & Sofronoff, 2004)。永井・新井(2007)の研究では「相談行動」として扱われているが,実際の相談行動を測定する尺度の教示文では「どのくらい友人に相談すると思うか」と尋ねているため,援助要請の概念上では援助要請意図に分類される。中学生を対象とした永井・新井(2006)の結果からは,悩みが深刻であるほど援助要請意図が高く,女子においては学級内で承認されていると感じるほど心理・社会的問題の悩みの援助要請意図が高いことが明らかにされている。このように,抑うつの低さや自己効力感の高さを有し,学校や家で自分が機能していると思い,ソーシャルサポートを高く知覚しているといった適応的な個人は高い援助要請の意志を持つと言える。そして,心理的苦痛を感じたときや悩みを深刻であると感じたときにも援助要請の意図や意志は高まるようである。

3. 被援助志向性と適応の関連

日本における中学生(水野他,2006),アジア系留学生(水野・石隈,2001),中学校教師(田村・石隈,2001)は実行されたサポートが多いほど被援助志向性が高いとされている。また,大学生では自己隠蔽の程度が低く,自尊感情が高いほど被援助志向性が高いことが報告されている(木村・水野,2004)。自尊感情が高いほど被援助志向性が高いことは,男性教師においても同様であるが,女性教師は自尊感情が低いほど被援助志向性が高く,木村・水野(2004)の報告とは反対の結果が得られている(田村・石隈,2002)。また,中学生では被援助志向性と担任・教科担当教師,養護教諭,友人のそ

れぞれへの被援助志向性と関連が見られていない（水野他，2006）。そして，悩みが深刻なほど被援助志向性が高いことは，中学生においても（山口他，2004），大学生においても報告されている（木村・水野，2004）。よって，自己隠蔽の低さや援助を受けた経験，悩みの深刻さが被援助志向性を高めると言えるものの，被援助志向性と自尊感情との関連は一貫していないと言えよう。

　被援助志向性が適応に与える影響に関しては，日本におけるアジア系留学生の被援助志向性の高さは，学習・研究，住居生活，経済，日本人との関係における適応感が高いことが報告されている（水野・石隈，1998）。また，中学校教師に関して，被援助志向性とバーンアウトとの関連が検討されている。その研究によれば，被援助志向性の中の「援助関係に対する抵抗感の低さ」は脱人格化を低めるものの，男性教師の「援助の欲求と態度」の高さは情緒的消耗感を高めることが報告されている（田村・石隈，2001）。被援助志向性を状態-特性に分類し，特性被援助志向性とバーンアウトの関連を検討した田村・石隈（2006）によれば，男性教師，女性教師ともに特性被援助志向性尺度の下位尺度である「被援助に対する抵抗感の低さ」がバーンアウトの「脱人格化」と負の関連を示したが，女性教師では「被援助に対する肯定的態度」が「情緒的消耗感」との間に正の関連にあることが明らかにされた。

　このように，被援助志向性が適応を高めたり低めたりする可能性がある。しかし，これらの研究はいずれも相関関係を分析しているため，適応状態が悪いことで被援助志向性が高まるという可能性もある。今後は縦断的な調査によってより因果関係に迫った研究が求められよう。

4．援助要請行動と適応の関連

　症状の重さや悩みの多さが援助要請行動を予測することは，平均年齢17.4歳の青年（Rickwood & Braithwaite, 1994），大学生（Tyssen, Rovik, Vaglum,

Gronvold, & Ekeberg, 2004），成人においてみられている（Lieberman & Mullan, 1978；Phillips & Murrell, 1994）。また，中国系アメリカ人（18～65歳）においても同様である（Kung, 2003）。しかし，青年（平均年齢14.5±1.8歳）を対象とした別の研究では，問題の深刻さや問題へのかかわりの深さ，コントロール可能性といった問題の特徴は援助要請行動と関連せず，対人関係の問題は援助要請行動を予測するが家族の問題は援助要請行動を抑制するというように，問題の内容と援助要請行動が関連していることが報告されている（Boldero & Fallon, 1995）。

　ソーシャルサポートとの関連については，知覚されたサポートの低さやソーシャルサポートネットワークの少なさは専門家への援助要請行動を予測することが少数派民族の高校生（Barker & Adelman, 1994），大学生（Goodman, Sewell, & Jampol, 1984），成人において一貫してみられている（Phillips & Murrell, 1994）。

　また，青年（平均年齢15.0歳）の中で父親，友人，専門家へ援助要請行動を行った者は社会不安が低いこと（Schonert-Reichl & Muller, 1996），また，別の青年（平均年齢15.3±1.8歳）を対象とした研究では，専門家へ援助要請を行った者は行わなかった者よりも不安が低いことが報告されている（Sears, 2004）。そして，成人を対象とした研究では，心理的ウェルビーイングの低さが援助要請行動を予測することが示されている一方で（Phillips & Murrell, 1994），中国系アメリカ人においては文化適応の高い人は援助要請行動が多いと報告されている（Kung, 2003）。このように，適応の状態が援助要請行動に与える影響は一貫しているとは言えないものの，専門家への援助要請行動に関しては，ソーシャルサポートの少なさと不安の低さが関連しているようである。

　次に，援助要請行動が適応に与える影響に関して概観する。まず，Utz (1983) は，大学のカウンセラーに進路計画について話したいと思っていたが1年後の時点で話したことがなく，かつ，進路に関する講義も履修してい

ない学生は，進路に関する講義を履修し，かつ，進路に関する援助が必要であると認識している学生よりも進路未決定の程度が高いことを明らかにした。後者は自助努力によって進路の悩みに取り組んでいる学生であると言える。ちなみに，カウンセリングセンターに進路の問題で通っている学生の進路未決定の程度は，それら2群の学生の間であった。したがって，援助要請行動を行った者がそうでない者よりも適応していたとは言えない結果であった。

　また，水野・石隈・田村（2003）は中学生を対象とした調査において，過去半年間に自ら進んで求めた援助の量（相談に乗ってもらったり援助してもらったりしたこと）と，学習面，心理面，社会面，進路面，健康面での適応感との関連を検討している。その結果，学習面では求めた援助の量と適応感との間に関連がみられず，社会面と進路面では求めた援助の量は適応感と正の関連を示すものの，心理面と健康面では求めた援助の量は適応感と負の関連をもつという結果が得られた。この結果からは，適応の側面ごとに援助要請行動が与える影響が異なる可能性が示唆される。

　専門家への援助要請行動が適応に与える影響に関して，肥満の治療のために援助要請し，治療を受けている子ども（平均年齢10.3±1.3歳）は，共同体内からランダムサンプリングされた肥満であるものの援助要請をしていない子ども（平均年齢10.3±0.4歳）よりも，社会領域と身体領域のコンピテンスが低いこと，そして，親評定による全体的問題，内在化問題，外在化問題が高く，学校コンピテンスが低いことが報告されている（Braet & Mervielde, 1997）。これは，援助要請行動によって援助を受けるようになったことがコンピテンスを低めているのかもしれない。

　援助要請行動が適応に与える影響を縦断的に検討する試みもなされている。まず，Rickwood（1995）は，青年（平均年齢17.4歳）を対象に援助要請行動が適応に与える影響を縦断的に検討した。その結果，援助要請行動と3ヶ月後の心理的苦悩の間にはほとんど関連がないことを見出している。また，

中学2年生の時点におけるカウンセラーと教師への援助要請行動は，6年後の自分に対する学業への期待と関連しないことが示されている（Trusty & Harris, 1999）。成人を対象とした研究においても，専門家やソーシャルネットワークへの援助要請行動は，4～5年後における不安・抑うつ症状，夫婦間・職業的・経済的役割におけるストレスといった適応の指標を低減させないこと（Lieberman & Mullan, 1978），専門家への援助要請行動を行った人々の20年後のメンタルヘルスの程度には改善も悪化も見られず，むしろ，援助要請行動を行わなかった者においてはメンタルヘルスが悪化する人よりも改善する人のほうが多いことが報告されている（Millman, 2001）。

　ストレッサーに対するコーピングの一つとして援助要請行動を扱っている研究によると，中学生の「サポート希求」（「自分のおかれた状況を人にきいてもらう」「自分の気持ちを人にわかってもらう」などの項目から構成されている）はストレス反応の不機嫌・怒りと不安・抑うつを高め，また，コーピングのパターンとして「サポート希求」や「積極的な働きかけ」を多く行うが「認知的対処」をあまり行わないタイプの中学生は不機嫌・怒りと不安・抑うつを表出しやすいことが明らかにされている（三浦・坂野・上里，1998）。大学生を対象とした研究では，対処行動としての「他者への相談」は自我同一性地位の「信頼」「勤勉」「同一性」「親密性」と正の関連がみられたものの，「自律性」「自主性」との間には関連がみられなかった（三川，1988）。また，大学生のコーピングの一つである「援助要請対処」はストレス反応の不安・抑うつを高めるが，精神的健康の指標である本来感（伊藤・小玉，2004）が低い大学生においては，「援助要請対処」によって身体的健康が高まることが示されている（伊藤・小玉，2005）。

　以上みてきたように，援助要請行動が適応的であることを示した研究は，中学生を対象とした水野・石隈・田村（2003）の研究の一部と，大学生を対象とした伊藤・小玉（2005）の研究の一部のみであった。その他のほとんどの研究は援助要請行動が適応を予測しないことを明らかにし，むしろ，援助

要請行動が不適応的な結果を招くことを示している研究もある。

5．研究動向のまとめ

　概して適応的な個人は援助要請に対するポジティブな態度や意志を持っているようである。また，情動の開放性や自己隠蔽の低さ，情動を扱う能力の高さもポジティブな援助要請の態度や意図に関連している。悩みや問題の深刻さ，心理的苦痛に関しては，援助要請態度に与える影響は一貫していないものの，援助要請意図や意志，被援助志向性を高めることがほぼ支持されている。実際の援助要請行動に関連する適応としては，適応が援助要請行動に与える影響は一貫しているとはいえないものの，専門家への援助要請行動に関しては，ソーシャルサポートの少なさと不安の低さが関連しているようである。

　援助要請に対する態度や意図，意志，そして実際の援助要請行動が適応的であるかどうかは，援助要請研究を行う上で重要な点である。まず，援助要請に対するポジティブな態度は抑うつを低める可能性がある。また，男性の中学校教師に関しては被援助志向性が適応を高めたり低めたりする可能性があるものの，アジア系留学生や女性中学校教師に関しては被援助志向性が高いことは適応的であることが支持されている。一方，実際に援助を要請する行動が適応的であることを示した研究は少なく，ほとんどの研究は援助要請行動が適応を予測しないことを明らかにし，むしろ，援助要請行動が不適応的な結果を招くことを示している研究もある。

　以上をまとめると，援助要請に対してポジティブな態度，意図，意志を持つことは適応を高める可能性があるものの，実際に行動に移すことによって適応が高まることはそれほど期待されないということが多くの研究から実証されている。

【援助要請と適応に関する研究の課題と方向性】

　援助要請に関する研究は，援助要請に対するポジティブな態度は適応の高さと関連しているものの，実際に援助要請行動を行った結果は適応とほとんど関連がないことを示している。しかし，これらの研究によって得られた知見から導き出される結論として，「悩みや問題を抱えたときに他者に相談したところで何も変化がない」ということは，我々の日常経験とはあまりにも整合しないように思える。したがって，援助要請行動が適応に与える影響に関しては，より日常的な現象に近い形でとらえなおし，知見を集めることが必要であろう。

　ところで，これまでの援助要請行動と適応に関する研究を概観すると，ある一つの共通した問題点が指摘できる。それは，適応によって予測される援助要請行動の変数あるいは将来の適応を予測する援助要請行動の変数として，援助を求めた経験の有無やカウンセリングセンター・病院などに来談していること（Boldero & Fallon, 1995；Braet & Mervielde, 1997；Goodman et al., 1984；Kung, 2003；Lieberman & Mullan, 1978；Millman, 2001；Phillips & Murrell, 1994；Rickwood, 1995；Rickwood & Braithwaite, 1994；Schonert-Reichl & Muller, 1996；Sears, 2004；Tyssen et al., 2004），あるいは，援助資源の利用頻度や援助を求めた量，コーピングを実行した量を用いていることである（三川，1988；Barker & Adelman, 1994；三浦他，1998；Trusty & Harris, 1999；水野他，2003；伊藤・小玉，2005）。これらの変数は，援助要請行動の量に注目したものであると言える。

　もちろん，行動を測定するということは，その有無や量を測定することになる。援助要請行動を従属変数として用いた場合，つまり，援助要請行動の生起過程において適応が与える影響を検討する場合であれば，これらの量的な指標を用いることは，行動の予測という点で有用であろう。しかし，援助要請行動が適応に与える影響を検討する場合，単に行動の有無や頻度といった量的な指標だけでは不十分であると言える。なぜなら，援助は必ずしも善

であるわけではなく，ときに人は他者の援助によって傷つくからである（Fisher, Nadler, & Whitcher-Alagna, 1982；橋本，2005；Nadler & Fischer, 1986；浦，2000）。

また，先行研究ではさまざまな適応の指標が用いられている。それらの指標は，個人の精神的健康を測定する内的適応と，外的環境との調和や折り合

Table2-1-1 援助要請行動を独立変数としている研究における援助要請行動と内的適応・外的適応指標の関連

文献	対象者	調査方法	内的適応	外的適応
Lieberman & Mullan (1978)	成人	縦断研究（4〜5年後）	不安・抑うつ症状，夫婦間・職業的・経済的役割におけるストレスを低減しない	
Utz (1983)	大学生	横断研究	進路未決定の程度は非援助要請群と自助努力群の間	
三川 (1988)	大学生	横断研究	自我同一性地位の信頼，勤勉，同一性，親密性と正の関連 自我同一性地位の自律性，自主性と関連なし	
Rickwood (1995)	青年（17.4歳）	縦断研究（3ヶ月間隔，5時点）	心理的苦悩と関連なし	
Braet & Mervielde (1997)	子ども（10.3±1.3歳）	横断研究	非援助要請群よりも社会・身体領域のコンピテンス，親評定による学校コンピテンスが低く，全体的問題，内在化問題，外在化問題が多い	
三浦・坂野・上里 (1998)	中学生	横断研究	ストレス反応の不機嫌・怒りと不安・抑うつと正の関連	
Trusty & Harris (1999)	中学2年生	縦断研究（6年後）	自分に対する学業への期待と関連なし	
Millman (2001)	成人	縦断研究（20年後）	メンタルヘルスの程度には関連せず，非援助要請群においてはメンタルヘルスが悪化する人よりも改善する人のほうが多い	
水野・石隈・田村 (2003)	中学生	横断研究		学習面の適応感と関連なし 社会面と進路面の適応と正の関連 心理面と健康面の適応と負の関連
伊藤・小玉 (2005)	大学生	横断研究	ストレス反応の不安・抑うつと正の関連 本来感の低い大学生は，身体的反応と負の関連	

いの良さを測定する外的適応に大別できる。援助要請行動が適応に与える影響を検討した研究の知見をこれらの適応の指標ごとに整理すると，Table 2-1-1のようになる。Table 2-1-1から明らかなように，援助要請行動と内的適応との関連を検討した研究に比べて，外的適応との関連を検討した研究は非常に少ない。さらに，援助要請行動が適応的な効果を持つことを示す知見は，ほとんどが横断研究によって得られたものであり，縦断調査が行われた研究のほとんどは援助要請行動と適応の間には関連がないことを示している。加えて，援助要請行動と外的適応との関連を縦断的に検討した研究はみられない。したがって，援助要請行動と外的適応の関連についての知見が不足していると言えよう。

まとめると，先行研究の問題点として以下の3点が挙げられる。第1に，援助要請行動と外的適応との関連についての知見が不足している。第2に，援助要請行動が適応的であるという知見は，ほとんどが横断研究によって得られたものであり，縦断研究からは援助要請行動と適応の間にほとんど関連がないことが見出されている。第3に，適応を予測する変数として，援助要請行動の有無や量のみを扱っている。

以上の問題点を踏まえると，援助要請行動が適応に与える影響を検討するためには，援助要請行動と外的適応との関連についての知見を集める必要があること，援助要請行動の有無や実行された量のみを測定するのではなく，援助要請行動後の適応に至る過程を詳細に検討する必要があること，そして，上記の2つを検討する際には，縦断的検討が不可欠であることが指摘される。援助要請行動の有無や量と適応指標との関連は既に述べた。次節では，援助要請行動後の適応に至る過程を検討した研究を概観する。

第2節　援助要請行動から適応に至る過程

高木（1997）は，被援助者における被援助経験の影響出現過程のモデルを

提案している。それによれば，援助を受けたことが自分自身に与えた影響（被援助効果）と，援助を与えたことによって援助者自身が得たと思われること（援助成果）の評価がなされる。加えて，援助が成功であったと認識されることで，援助を受けること，あるいは援助を与えることに対するポジティブな態度が形成され，その態度が援助を受けることや与えることへの積極的な動機づけにつながるとされる。そして，この被援助の過程は，意図的に行った援助要請と援助受容について想起されるとき，かなり正確に評価されるとのことである。

　援助要請行動後の適応に至る過程をこのモデルにあてはめると，まず，援助要請者は援助要請行動の後に他者から何らかの援助を提供され，その援助を受ける。その後に援助が自分にとって成功であったか失敗であったかが評価されるというモデルが想定される。すると，援助要請行動後の適応に影響を与えるものとして，援助要請行動の有無や実行された量の他に，他者から提供される援助の内容と被援助に対する援助要請者自身の評価という2つ変数が考えられる。これらの変数は，援助要請行動の後に生起するため，将来の適応により直接的に影響する可能性がある。また，提供される援助は必ずしも個人にとってポジティブな影響を持つとは限らないことから（Fisher et al., 1982；橋本，2005；Nadler & Fischer, 1986；浦，2000)，援助そのものあるいはその援助に対する評価によって個人は適応的にも不適応的にもなりうると考えられる。この視点から先行研究を見直すと，援助要請行動の有無や実行された量が適応を予測しないという先行研究の知見は，これらの変数の影響が検討されていないために得られたものであるかもしれない。

　このように，援助要請行動後の適応に至る過程を検討するためには，提供される援助とその援助に対する評価という視点を導入することでより実際の現象に迫ることが可能となる。したがって，これら2つの視点は適応を予測するために有用であると思われる。そこで，以下では援助の内容と援助に対する評価について検討する。

まず，提供される援助がネガティブな効果を持つことはソーシャルサポート研究の中で扱われている（橋本，2005；浦，2000）。しかし，援助を提供するのは他者であり，援助要請者が他者の提供する援助をコントロールすることには限界があろう。また，援助の内容自体がポジティブまたはネガティブであるわけではなく，その援助が提供される文脈や期待と異なる援助が提供されることなどがネガティブな結果を招くことに関与している（橋本，2005）。このことから，適応を予測するためには，援助の内容そのものを検討するだけでは十分でないと考えられる。

一方，提供された援助に対する評価に関しては，もちろん援助の内容にも左右されると思われるが，援助要請者自身が行う援助の意味づけの問題であると言える。したがって，援助が提供された文脈や期待との一致・不一致といった要因を考慮した上でなされる援助要請者の主観的な評価であると考えられる。また，この評価は援助が提供された後に行われるものであるため，より適応に近い位置にある概念である。よって，適応に与える影響は援助の内容よりもその評価のほうがより直接的で大きい可能性がある。

したがって，次節では，援助要請者の視点から検討するために，提供された援助に対する評価に関する研究を概観する。

第3節　援助に対する評価と適応に関する理論的考察

1．援助に対する評価と適応に関する研究

実証研究ではないが，大学生を対象とし，高校時代のメンタルイルネスの経験（大うつ病，双極性障害，不安障害，統合失調症）について半構造化面接で尋ねた研究では，友人はときどき援助的であるものの，メンタルイルネスの期間では友人の存在は支援的ではないこと，よい援助は探すことも見つけ出すことも困難であること，親の役割を有益だったと思うものと有害だったと

思う人がいることなどがテーマとして導きだれている（Mowbray, Megivern, & Strauss, 2002）。このことは，援助資源であるはずの友人や親を援助的であると評価しない可能性があることを示唆している。

　援助に対する評価の実証的な研究として，Burke & Weir（1978）は，高校生（平均年齢16.3歳）が学校の成績や他者からどのように見られているかなどのことで悩んだときに，母親，父親，友人から援助を受けたときの援助に対する満足感が精神的健康に与える影響について検討している。その結果，悩みの経験を統制しても受けた援助に対する満足感は人生に対する満足感と正の関連があり，身体表現性の症状やネガティブな感情状態と負の関連があることが示されている。また，Burke & Weir（1977）は，夫婦間においてパートナーからの援助に対する満足感が精神的健康に与える影響を検討した。その結果，妻の援助に対する夫の満足感は，精神的・身体的ウェルビーング，仕事満足感，人生に対する満足感，夫婦関係満足感と正の関連が認められ，夫の援助に対する妻の満足感は，仕事満足感，人生に対する満足感，夫婦関係満足感と正の関連があることが示された。

　また，援助に対する評価としての研究ではないが，ストレスコーピングに対する主観的満足度を扱った研究がなされている。それらの研究において，コーピング選択に対する満足度（「出来事に対して自分のとった行動は最善の対処だった」「できることはやった」など）や結果に対する満足度（「ほしい結果が得られた」「得られた結果は望ましいものだった」など）がストレス反応を低減させることが示されている（金子・赤松・高橋・五十嵐・植田・小野・嶋田, 2004；Ono, Igarashi, Takahashi, & Kaneko, 2004；小野・植田・五十嵐・赤松・高橋・金子・嶋田, 2004；Ueda, Akamatsu, Kaneko, & Takahashi, 2004；植田・小野・高橋・赤松・五十嵐・金子・嶋田, 2004）。援助要請行動はコーピングの一つとして扱われることもあるため，この知見も有用であろう。

　このように，援助に対する評価は，援助に対する満足感として検討されている。そして，援助に対する満足感は精神的健康を高め，適応とポジティブ

な関連があることが示されている。

2．援助に対する評価の研究動向のまとめ

　援助に対する評価に関する研究はその数が少ないものの，援助に対する満足感は精神的健康と関連することが一貫して示されている。したがって，援助要請行動後の適応に至る過程において，援助に対する評価は欠かせない変数であると言える。

　提供された援助やその結果に対する評価という視点を考慮して先行研究を見直すと，例えばRickwood（1995）では，援助に対する評価がポジティブな場合もネガティブな場合も存在し，それらの結果が交絡したために関連がないという結果が多くの時点で得られたと考えることができる。また，水野他（2003）では，援助要請行動が社会面と進路面の適応感を高めるという結果が得られたものの，援助要請行動を行うこと自体が援助の評価に関わらず適応感を高めるのか，それとも，日本の中学生にとって，社会面や進路面の悩みに関して提供される援助は概してポジティブに評価され，ネガティブに評価されない傾向にあるのかが明確ではない。前者の場合であれば援助要請行動を促進するような介入によってこれらの側面の適応感を高めることができるであろう。しかし，後者の場合であれば単に援助要請行動を促進するような介入だけでなく，援助に対する評価を高めるような介入も同時に行うことによって，より効果的に適応を促進することができると考えられる。

　援助に対する評価に関する研究の問題点として，評価の基準として満足感のみが検討されていることが挙げられる。高木（1997）によれば，被援助者の援助に対する評価は，問題解決の程度と自尊心への影響の程度という2つの側面からなされると理論化されている。このことから，実際に援助を受けた後には，受け取った援助に満足したかどうかという1次元上の評価ではなく，多次元的な評価がなされている可能性が示唆される。しかし，援助に対する評価を多次元的に測定する尺度は開発されていない。したがって，まず

は援助に対する評価を測定するのに有用な尺度を開発し，それによって測定される援助に対する評価が適応とどのような関連を示すかを検討することが望まれる。

第3章 本研究の目的と基本概念の定義

　第3章では，第1章，第2章において検討された援助要請行動と適応の関連についての研究の問題点を踏まえ，本論文における目的と構成，および基本概念についての説明と定義を行う。まず，第1節において，本論文における4つの目的と，本研究の意義を論じる。続く第2節では，それらの目的に対応した本研究の構成を述べる。そして，第3節において，本研究において採用する援助要請行動から適応に至るプロセスモデルならびに重要な概念について説明し，定義する。

第1節　本研究の目的と意義

1．本研究の目的

　本研究の目的は以下の3つである。①援助要請行動と適応の関連を明らかにする（先行研究の追試的検討）。②援助要請行動後の適応に至る過程を詳細に検討するために，援助に対する評価を測定するのに有用な尺度を開発し，信頼性と妥当性を検討する。③援助要請行動が適応に与える影響を，援助評価に焦点を当てて検討する。

　これらの研究から，「悩みを相談するとどんなことが起き，それは中学生にとってよいことなのか？」という「実践上の問い」に一つの答えを見出し，よりよい援助の求め方という視点から心理教育的援助サービスの開発とその実践の基礎となる知見を提供したい。

2．本研究の意義

　中学生にとって，悩みを抱えることは学校での不適応感に関与する重大な要因である（山口・石隈・柴橋，2003）。中学生は悩みを抱えるとさまざまな対処行動を行うと考えられるが，それらの一つとして，親，教師，友人といった周囲の他者に相談するという対処が挙げられる。半数以上の生徒は悩んだ際にこのような対処をとることが示されており（石隈・小野瀬，1997），多くの中学生は悩んだときに周囲の他者に相談していることが分かる。

　学校での相談活動に対するニーズや期待の高まりは，日本においてスクールカウンセラーの配置が始まったことからも推察される。文部省（現在の文部科学省）は不登校やいじめ等の学校教育の問題への対策として1995年（平成7年）より「スクールカウンセラー活用調査研究委託事業」を開始し，文部科学省が関与するスクールカウンセラー配置校は平成15年6月現在では25倍以上に増加している（河村・武蔵・粕谷，2005）。また，スクールカウンセラーは2001年（平成13年）度以降には国の補助事業として全校公立中学校に配置されるように計画されている。文部科学省（2007）によれば，2006年（平成18年）度には全国の中学校の4校に3校の割合である7,692校に配置され，中学校を拠点として小学校1,697校，高等学校769校にも派遣されている。その他にも市町村などが独自にスクールカウンセラーを配置している（半田，2004）。このように，学校において援助の受け手である児童生徒は悩みを相談することが多く，また援助の提供者である学校は悩みを相談することに高い期待を寄せていると言えよう。

　しかし，第2章第1節で触れたように，相談することやメンタルヘルスの専門家を訪れることは必ずしも将来の適応を予測しないことが多くの実証研究から示されている。つまり，学校において児童生徒が悩みを相談することが多く，また学校も，児童生徒が相談することに対する期待が高いものの，相談することの効用は未だ十分に実証されていないのが現状である。

悩みを相談することやメンタルヘルスサービスを利用するという現象に焦点を当てた援助要請行動研究では，援助要請行動の有無や実行された量の多さと将来の適応との関連を検討しているものが多い（例えば，Rickwood, 1995；Trusty & Harris, 1999；Millman, 2001）。しかし，実際に相談したときに他者から提供される援助の中には望ましくないものも含まれる可能性があることを考えると（Fisher et al., 1982；橋本，2005；Nadler & Fischer, 1986；浦，2000），相談したことの多さではなく，相談したときに提供された援助に対する評価の仕方が将来の適応にとって重要であると考えられる（Burke & Weir, 1977, 1978；金子他，2004；Ono et al., 2004；小野他，2004；Ueda et al., 2004；植田他，2004）。

本研究では，援助に対する評価という視点から相談することの利点と欠点を詳細に検討することを試みる。それによって，相談することを促進するだけではすべての児童生徒にとってよいものであるとは限らないという可能性や，提供された援助に対する評価の仕方で将来の適応の状態が変容しうることを明らかにできると考えられる。これらの知見は，援助に対する評価という視点から相談活動の有効性を検討・評価しうることを示唆するものである。したがって，本研究を礎石とし，援助サービスの利用者の視点からみたよりよい相談活動の仕方を提言したうえで，児童生徒一人ひとりに合った相談の仕方，援助の提供の仕方に関する心理教育的援助サービスを開発するための有益な示唆が得られるものと考えられる。

第2節　本研究の構成

本研究の構成は大きく3つの部分に分かれる（Figure 3-2-1）。

第1部では，「実践上の問い」を発端とし，中学生の実態や援助要請研究を概観する。また，本研究の基盤となる学校心理学の援助の枠組みについてまとめる。そして，実証研究を行うにあたり援助要請と適応の関連について

```
━━━━━━━━━━━ 第1部　理論的検討 ━━━━━━━━━━━
序章　中学校，適応指導教室での実践から生じた問い
第1章　本研究の背景
    第1節　中学生の抱える諸問題の実態
    第2節　学校心理学の援助の枠組み
    第3節　援助要請研究の概観
第2章　援助要請と適応に関する理論的検討
    第1節　援助要請と適応に関する研究の動向
    第2節　援助要請行動から適応に至る過程
    第3節　援助に対する評価と適応に関する理論的考察
第3章　本研究の目的と基本概念の定義
    第1節　本研究の目的と意義
    第2節　本研究の構成
    第3節　基本概念の説明と定義
```

```
━━━━━━━━━━━ 第2部　実証的検討 ━━━━━━━━━━━
第4章　援助要請行動と適応の関連           第5章　援助評価尺度の開発
    第1節　援助要請行動と対人関係適応感の        第1節　援助評価尺度の項目収集
           関連                                      【研究4】
           【研究1】                           第2節　援助評価尺度の作成と信頼性の検討
    第2節　援助要請行動と学校適応の関連                【研究5】
           【研究2】                           第3節　援助評価尺度の妥当性の検討
    第3節　援助要請行動と学校適応の関連                【研究6】【研究7】
           ―縦断的検討―                     第4節　第5章のまとめ
           【研究3】                       第6章　援助要請行動，援助評価が適応に与える影響
    第4節　第4章のまとめ                          第1節　援助要請行動，援助評価と適応の関連
                                                       ―縦断的検討―
                                                       【研究8】
                                               第2節　援助要請時に受けた援助と援助評価が適応
                                                       に与える影響の比較検討
                                                       【研究9】
                                               第3節　援助要請時に望んだ援助と受けた援助の違
                                                       いが援助評価と適応の関連に及ぼす影響
                                                       【研究10】
                                               第4節　第6章のまとめ
```

```
━━━━━━━━━━━ 第3部　総合的考察 ━━━━━━━━━━━
第7章　総合的考察
    第1節　本研究のまとめ
    第2節　援助要請行動と学校適応に関する討論
    第3節　本研究の学問的貢献
    第4節　本研究の実践的貢献
    第5節　本研究の限界と今後の課題
```

Figure3-2-1　本論文の構成

先行研究を展望する。

　第2部ではまず，本研究の目的①を検討するために援助要請諸概念の中の援助要請行動と適応の関連について，先行研究の追試的検討を行う（【研究1】～【研究3】）。続いて，援助要請行動と適応の仲介要因としての援助に対する評価（援助評価）を測定する尺度を作成する（【研究4】～【研究7】）。これらの研究は本研究の目的②に対応している。そして本研究の目的③を検討するために，援助評価を用いて援助要請行動と学校適応の関連を検討する（【研究8】～【研究10】）。

　第3部では，第1部での理論的検討，第2部での実証的検討を踏まえて，本研究の全体像をまとめ，学校心理学への学問的貢献，心理教育的援助サービスへの実践的貢献について述べる。最後に本研究の限界と課題について検討する。

第3節　基本概念の説明と定義

1．援助要請行動から適応に至る過程の仮説モデル

　本研究では，他者に悩みを相談するという現象に注目し，援助要請行動の生起に始まり適応に至るまでの一連の過程を以下のようにとらえることとする（Figure 3-3-1）。

　まず，人は何らかの悩みがあるために援助要請行動を行う。このように仮定することは，悩みの経験の多さや深刻さが援助要請行動を促進するという知見が多く得られていることから妥当であろう（例えば，Rickwood & Braithwaite, 1994）。したがって，援助要請行動が行われる背景として何らかの悩みを持っていることが想定できる。

　次に，相川（1989）によれば，援助行動とは，援助者と被援助者の間に生起する，援助を要請する，援助を与える，援助を受けるという一連の対人行

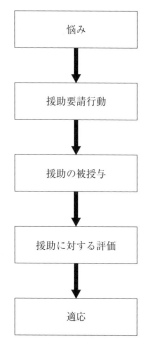

Figure3-3-1 本研究における援助要請行動後の適応に至る過程の仮説モデル

動である。したがって，援助要請行動と適応の間の過程として，援助を要請した後に援助を受けるという過程が存在すると仮定される。さらに，提供された援助やその結果を援助要請者が主観的に評価する。その評価において，提供された援助が自己にとってポジティブに評価されれば将来の適応に結びつくが，援助が自己にとってネガティブに評価されれば将来の適応には結びつかないと仮定される（Burke & Weir, 1977, 1978；金子他，2004；Ono et al., 2004；小野他，2004；Ueda et al., 2004；植田他，2004）。

2．悩み

本研究における悩みとは，中学生が共通して抱えやすい問題とされている

援助ニーズを用いることにする（石隈・小野瀬, 1997）。援助ニーズを悩みの経験として測定することによって，中学生が自分自身の問題に気づき，自分の能力では解決が困難である，あるいは他者からの援助を受けることによってよりよい解決を得ることを望むという状況をどの程度経験したかを測定できると考えられる。したがって本研究における悩みは，「自分の能力では解決が困難である，あるいは他者からの援助を受けることでよりよい解決が望まれるような自分自身の認識された問題」と定義する。悩みの経験尺度の得点が高いほど，多くの悩みを経験していることを表す。

3．援助要請行動

Tracey, Sherry, Bauer, Robins, Todaro, & Briggs (1984) は，援助要請の態度と行動は必ずしも関連するとは限らないため，両者を区別して扱う必要があると指摘している。また，援助要請態度は測定方法上の問題によって，援助要請意図と見かけ上の関連が示されてしまうことがある（笠原, 2002）。これらの指摘も考慮し，また，本研究では実際に援助要請行動を行った後の過程を検討するため，援助要請行動のみに焦点を当てることとする。

援助要請行動に含まれる現象は多岐に渡る（DePaulo, 1983）。したがって，知見を整理する上では，研究の対象となる現象を絞って検討することが必要であろう。本研究では，最終的には生徒の学校適応を高めることに関心があるため，メンタルヘルスの問題や悩みを他者に相談するという現象を扱うこととする。ところで，中学生が日常生活において抱きやすい悩みはある程度共通している（石隈・小野瀬, 1997）。したがって，本研究では，中学生が共通して抱きやすい悩みに焦点をあて，そのような悩みを他者に相談することについて検討する。したがって，本研究における援助要請行動は，「悩みを他者に相談すること」とする。援助要請行動尺度の得点が高いほど，悩みを相談した経験（回数）が多いことを示す。

4．援助に対する評価（援助評価）

　本研究では，援助に対する評価を，「援助を提供されたときやその後に行われる，他者から提供された援助が自分自身に与えた影響に対する認知的評価」と定義し，援助評価と呼ぶこととする。類縁概念として，実行されたサポート，知覚されたサポート，被援助効果，被援助成果が挙げられる。

　ソーシャルサポートとは，「特定個人が，特定時点で，彼／彼女と関係を有している他者から得ている，有形／無形の諸種の援助」と定義される（南・稲葉・浦，1988）。そして，ソーシャルネットワーク，実行されたサポート，知覚されたサポートに大別される（Barrera, 1986；橋本，2005）。実行されたサポートとは，サポート行動が実際にどの程度行われたかという観点からサポートをとらえるものであり（橋本，2005），自己報告式の質問紙によって測定されるものは「実行されたと知覚されたサポート」ということになる（Barrera, 1986）。本研究においては，Figure 3-3-1 で示したモデルにおける援助の被授与に相当する概念であると言える。また，援助に対する評価という視点からみると，援助の有無に対する評価であると概念づけることができよう。本研究で扱う援助評価は，援助が自分自身に与えた影響に対する評価であるため，実行されたサポートとは異なる概念である。

　知覚されたサポートとは，サポートが必要なときにどの程度入手可能であると思われるかという入手可能性の観点からサポートをとらえるものである（橋本，2005）。実行されたサポートと知覚されたサポートの関連は概して低いものの（Barrera, 1986），援助を受けた経験が知覚されたサポートを高めうると考えると，知覚されたサポートも実行されたサポートに対する評価の一部分であるととらえることができる。さらに言えば，知覚されたサポートは実行されたサポートがサポートの提供者と授与者の間の関係性に与えた影響に対する評価であるととらえることができる。しかしながら本研究における援助評価は，提供された援助（実行されたサポート）が自分自身に与えた影響

に対する評価であるため，サポートの入手可能性を直接扱う概念ではない。また，知覚されたサポートと実行されたサポートとの関連の低さを考慮すると，援助に対する評価という視点で知覚されたサポートをとらえることは妥当ではないかもしれない。

　被援助効果とは，援助を受けたことが自分自身に与えた影響に関する評価である（高木，1997）。本研究における援助評価は，悩みを相談したときに限定した被援助効果であるということができよう。ところで，高木（1997）は被援助効果を被援助経験の影響出現過程の一部として位置づけ，最終的には援助を受けることに対する態度や動機づけに至る過程を理論化している。本研究では，援助に対する評価が被援助者の適応・精神的健康にどのような影響を与えているのかということに主な関心がある。したがって，被援助効果と同様の現象を扱うものの，関心のある過程が異なる。加えて，悩みを相談する，メンタルヘルスの専門家を尋ねるといったときに提供される援助と一般の援助との間には本質的な違いがあると考えられる（水野・石隈，1999）。したがって，本研究では被援助効果ではなく，援助評価という言葉を用いることとする。

　被援助成果とは，援助を与えたことによって援助者自身が得たと思われることに対する評価であり（高木，1997），援助評価とは，誰に対する影響であるかという点で異なる。以上の類縁概念を整理すると，Table 3-3-1のようになる。

　援助に対する評価を測定する方法として以下の2つが考えられる。一つは，援助を受けたときに行われた評価を思い出してもらい，評定させる方法である。もう一つは，そのときの援助を「今現在」振り返ってみて，再評価してもらい，評定させる方法である。本研究では，相談したときやその直後により良い評価がなされることが将来の適応につながると考えられるため，評定する時点において過去の提供された援助を再評価してもらうのではなく，援助が提供されたときにどのように評価したかを尋ねることにした。

Table3-3-1　援助評価の類縁概念の整理

類縁概念	実行されたサポート	知覚されたサポート	被援助成果	被援助効果	援助評価
本研究のモデルにおける位置づけ	援助の被授与	援助に対する評価	援助に対する評価	援助に対する評価	援助に対する評価
評価の側面	援助の有無	関係性への影響（入手可能性）	他者（援助者）への影響	自己（被援助者）への影響	自己（被援助者）への影響
想定される現象の文脈	悩みの相談を含む一般の援助場面	悩みの相談を含む一般の援助場面	一般の援助場面	一般の援助場面	悩みの相談
最終的な目標	心身の健康	心身の健康	被援助に対する態度や動機づけ	被援助に対する態度や動機づけ	心身の健康

　認知の側面に限定する理由としては以下の２点がある。一つは，本研究では援助に対する評価の理論的枠組みを提供している高木（1997）を参考にする。そのうえでは認知的評価としてとらえるのがよいと判断されたためである。もう一つは，本研究は援助に対する評価という視点から援助の利用者にとってよりよい心理教育的援助サービスの開発につなげることを目指し，その基礎研究として位置づけられている。そのため，援助に対する評価は介入によって変容可能であるものとして扱うことが望まれるためである。

　なお，本研究では，援助要請行動後の過程に焦点を当てて検討するため，悩みを相談したときに他者から提供される援助に限定して扱うこととする。本研究では第５章で尺度を作成する（【研究５】～【研究８】）。その尺度得点が高いほど，それぞれの評価をより多くしていることを示す。

５．援助要請行動後に受けた援助

　本研究では，援助を求めた後に，他者から援助を受け，その援助を援助要請者が評価し，援助要請者の適応に影響する，というプロセスを想定している。受けた援助とは，援助を求めた相手から提供された援助のことであり，本研究では実行されたサポートと同義としてとらえる。ただ，既存の実行さ

れたサポート尺度は援助要請行動後に提供された援助を測定するために作成されたものではないため，本研究では援助要請行動後に受けた援助を測定する尺度を新たに作成する（【研究9】）。その尺度得点が高いほど，援助要請行動後に多くの援助を受けたことを示す。

6．学校適応

本研究において学校適応とは，個人の精神的・身体的な健康に立脚した適応と，周囲の他者や環境との関係や折り合いに対する適応の2つの観点からとらえるものとする。前者は個人にとっての内的適応，後者は環境との外的適応であると考えられる。学校生活に関与する適応という観点から，以下の4つの学校適応の指標を用いることで，援助要請行動が学校適応に与える影響を幅広く検討する。

(1)ストレス反応（内的適応）

ストレス反応とは，「ストレッサーによって個人に生起した心身のネガティブな反応」と定義され，中学生の学校不適応と関連することが明らかにされたストレス反応の尺度が作成されている（嶋田，1998）。得点が高いほどストレス反応が強いことを示す。

(2)学校生活享受感（内的適応）

学校生活享受感は「学校生活における楽しさの程度」と定義され，学校環境への適応の良好さと関連することが示されている（古市・玉木，1994）。得点が高いほど学校生活享受感が高いことを意味する。

(3)対人関係適応感（外的適応）

本研究では対人関係適応感を「周囲の他者との関わりに対する満足度」と定義し，高瀬・内藤・浅川・古川（1986）の学校生活適応感尺度の下位尺度の中から「友人関係」と「教師関係」を用いる。また，家族との関係については，上記の尺度を参考に作成された飯田・石隈（2001）の家族関係の適応感を測定する尺度を用いることとする。得点が高いほど対人関係適応感が高

いことを示す。

(4)学校心理学的適応感（外的適応）

　学校心理学的適応感は，中学生の学校適応を学習面，心理面，社会面，進路面，健康面という5つの側面からとらえている（水野他，2003）。本研究では水野他（2003）が作成した学校心理学的適応尺度を一部改変した水野（2007）による尺度を用いる。本尺度は「心理・身体」「進路」「学習」「社会」の4つの下位尺度から構成されている。得点が高いほど適応が良好であることを示す。

第 2 部　実証的検討

第4章　援助要請行動と適応の関連

　第4章では，援助要請行動の実行された量と適応の関連を先行研究の追試的に検討する。第1節では，外的適応の指標として対人関係適応感を用いて，援助要請行動との関連を検討する。第2節では，横断的検討によって援助要請行動と内的適応・外的適応の関連についての知見の拡張を試みる。第3節では，縦断的検討を行うことによって第2節で得られた知見をより強固なものにする。

第1節　援助要請行動と対人関係適応感の関連【研究1】

【問題と目的】

　援助要請行動と適応の関連を検討した先行研究では，適応の指標として，GHQ12，不安や抑うつなどの個人の身体的・精神的健康を測定する内的適応の指標が多く用いられているものの（Lieberman & Mullan, 1978; Rickwood, 1995），外的適応の指標を用いた研究は非常に少ない。そこで，研究1では外的適応の指標を用いて援助要請行動との関連を検討する。

　適応の側面の中でも，友人や教師との対人関係における適応感が多く検討されている。それらの研究では，友人関係の適応感は欠席願望を低めることや（本間，2000），友人や教師との対人関係の良好さが欠席日数の少なさと関連すること（粕谷・河村，2002），そして，不登校生徒は通常学級でも相談学級でも孤独を感じ，通常学級の教師への親和が低いことなどが指摘されている（平田・菅野・小泉，1999）。このように，対人関係における適応感は学校生活を送る上で重要な要因である。したがって，本研究では対人関係における適応に焦点を当てて検討する。

援助要請行動と対人関係の関連について，Sullivan, Marshall, & Schonert-Reichl（2002）は，青年期の援助要請行動には情報探索と対人関係の発展の2つの機能があると述べている。また，水野他（2003）は，友人に進んで求めた援助の量が友人関係における適応感を高めうることを示している。これらの先行研究から，援助要請行動を実行することは友人関係を良好にすると考えられる。しかし，援助要請行動が友人以外との対人関係における適応感に与える影響を検討した研究は見られない。中学生の援助要請行動の相手として，援助を与える側の視点からみると，友人以外に保護者や教師も心理教育的援助サービスの担い手であり（石隈，2004），重要な対人関係であると言える。そこで，本研究では援助要請行動が対人関係適応感に与える影響を，親，教師，友人という相手ごとに検討する。

なお，Rickwood（1995）やTrusty & Harris（1999），水野他（2003）などは，悩みの経験の多さ自体は考慮せずに援助要請行動と適応の関連のみを検討している。しかし，悩みの経験の多さ自体も適応の状態に影響を与えると考えられる（山口他，2003）。したがって，本研究では悩みの経験の多さも含めて検討する。

以上より，本研究では，中学生の悩みの経験と援助要請行動が対人関係における適応感に与える影響を，親，教師，友人という援助要請行動の相手ごとに検討することを目的とする。

【方法】

調査対象者：関東の中学校2校の中学生380名（男子203名，女子177名，平均年齢13.71±0.94歳）。

調査時期：2003年11月中旬に実施した。

調査方法：個別記入方式の質問紙を用いた。クラス担任教師に調査を依頼し，学活の時間等を用いて質問紙を配布してもらい，集団で調査を実施した。

調査内容：フェイスシートで学年，年齢，性別が尋ねられ，続いて以下の質問への回答が求められた。

(1) **悩みの経験（3領域）**

悩んだ経験の多さを測定するために，石隈・小野瀬（1997）をもとに中学生が悩む経験の多い場面を選択し，過去半年間にどの程度悩んだかを尋ねる悩みの経験尺度を独自に作成した。学習面，心理・社会面，進路面の3つの領域における悩みのそれぞれ2項目ずつ，計6項目で，「1：全くあてはまらない」「2：少しあてはまる」「3：ある程度あてはまる」「4：かなりあてはまる」「5：非常によくあてはまる」の5件法であった。

(2) **援助要請行動（3領域）**

援助要請行動の経験を測定するために，悩みの経験尺度で用いた場面と同じ場面を用い，過去半年間にそれらのことで悩んだときに，親，教師，友人にどの程度の頻度で相談したかを尋ねる尺度を独自に作成した。6つの悩みについてそれぞれ3項目ずつの計18項目で，「1：まったくない」「2：少しある」「3：何回かある」「4：たくさんある」「5：非常にたくさんある」の5件法であった。

(3) **対人関係適応感尺度**

高瀬他（1986）による学校生活適応感尺度の下位尺度である「友人関係」と「教師関係」を使用した。高瀬他（1986）によれば，本尺度は高校生の学校適応感を測定するために作成されたものであるが，項目の内容から中学生に用いることも可能であると考えられた。また，飯田・石隈（2001）によって，「教師関係」の項目の「教師」を「家族」または「親」にし，項目を一部修正して作成された「家族関係」を併せて使用した。それぞれ6項目ずつの計18項目で，それぞれの項目がどの程度自分にあてはまるかについて，「1：全くあてはまらない」「2：ほとんどあてはまらない」「3：どちらともいえない」「4：かなりあてはまる」「5：非常によくあてはまる」の5件法で尋ねられた。

【結果】

1. 尺度の構成と信頼性の検討

(1) 悩みの経験と援助要請行動

　悩みの経験を測定する質問紙，家族，教師，友人に対する援助要請行動を測定する質問紙それぞれについて主成分分析を行った（Table 4-1-1）。まず，悩みの経験尺度6項目の主成分分析の結果，固有値を見ると第1主成分（2.85）と第2主成分（1.00）の間にもっとも大きな減衰が見られ，すべての項目が第1主成分に.60以上で負荷していたことから，1主成分構造での使用に耐えられると判断された。次に，家族，教師，友人に対する援助要請行動尺度各6項目の主成分分析の結果，いずれの尺度からも1因子構造が得られた。内的整合性は，悩みの経験尺度は $\alpha=.78$，家族への援助要請行動尺度は $\alpha=.82$，教師への援助要請行動尺度は $\alpha=.84$，友人への援助要請行動尺度は $\alpha=.85$ であり，いずれの尺度においても十分な値が確認された。

(2) 対人関係適応感

　対人関係適応感尺度の18項目を用いて因子分析（主因子法・プロマックス回転）を行った（Table 4-1-2）。その結果，3因子構造が得られた。第1因子は「家族関係適応感」，第2因子は「友人関係適応感」，第3因子は「教師関係適応感」と命名された。内的整合性は第1因子から順に.90，.89，.90であり，十分な値が得られた。

2. 悩みの経験と援助要請行動，対人関係適応感の相関

　以降では，分析に用いるデータに記入漏れと記入ミスのなかったデータを分析の対象とした。分析に用いた各変数の記述統計量を Table 4-1-3 に示した。

　分析に用いた各下位尺度の合計得点間の単相関係数を Figure 4-1-1～4-1-3 に示した。悩みの経験得点は，家族，教師，友人へのそれぞれの援

Table 4-1-1　悩みの経験尺度，援助要請行動尺度の主成分分析結果

悩みの経験 (N=361, α=.78)	M	SD	負荷量
進学や就職のための勉強や準備にやる気がおきず，悩んだことがあった。	3.28	1.23	.79
意欲がわかず，勉強する気になれず，悩んだことがあった。	2.98	1.25	.74
もっと成績を伸ばしたい，自分にあった勉強方法が知りたいと思い，悩んだことがあった。	2.19	1.22	.69
自分の能力や適性，進路（進学先）や生き方（将来の職業）について悩んだことがあった。	2.41	1.32	.68
友だちとの付き合いがうまくいかず，悩んだことがあった。	2.86	1.32	.62
自分の性格や外見（顔つきや体つき）のことで気になることがあり，悩んだことがあった。	2.47	1.27	.60
		固有値	2.85
		寄与率	47.49
家族への援助要請行動 (N=363, α=.82)	M	SD	負荷量
進学や就職のための勉強や準備にやる気がおきないとき，家族に相談したことが…	1.96	1.06	.82
もっと成績を伸ばしたいときや，自分にあった勉強方法が知りたかったとき，家族に相談したことが…	1.66	1.00	.79
意欲がわかず，勉強する気になれなかったとき，家族に相談したことが…	1.53	1.02	.77
自分の能力や適性，進路（進学先）や生き方（将来の職業）について情報や助言がほしかったとき，家族に相談したことが…	1.53	.94	.70
友だちとの付き合いをうまくやれるようにしたいと思ったとき，家族に相談したことが…	2.20	1.25	.69
自分の性格や外見（顔つきや体つき）のことで気になることがあったとき，家族に相談したことが…	1.73	1.05	.59
		固有値	3.20
		寄与率	53.37
教師への援助要請行動 (N=361, α=.84)	M	SD	負荷量
進学や就職のための勉強や準備にやる気がおきないとき，教師に相談したことが…	1.72	1.02	.85
もっと成績を伸ばしたいときや，自分にあった勉強方法が知りたかったとき，教師に相談したことが…	1.44	.81	.84
意欲がわかず，勉強する気になれなかったとき，教師に相談したことが…	1.34	.79	.83
自分の能力や適性，進路（進学先）や生き方（将来の職業）について情報や助言がほしかったとき，教師に相談したことが…	1.12	.44	.78
友だちとの付き合いをうまくやれるようにしたいと思ったとき，教師に相談したことが…	1.72	1.10	.64
自分の性格や外見（顔つきや体つき）のことで気になることがあったとき，教師に相談したことが…	1.40	.82	.52
		固有値	3.41
		寄与率	56.86
友人への援助要請行動 (N=362, α=.85)	M	SD	負荷量
進学や就職のための勉強や準備にやる気がおきないとき，友人に相談したことが…	2.11	1.17	.83
意欲がわかず，勉強する気になれなかったとき，友人に相談したことが…	1.75	1.00	.83
もっと成績を伸ばしたいときや，自分にあった勉強方法が知りたかったとき，友人に相談したことが…	1.99	1.26	.76
自分の能力や適性，進路（進学先）や生き方（将来の職業）について情報や助言がほしかったとき，友人に相談したことが…	1.58	1.00	.74
友だちとの付き合いをうまくやれるようにしたいと思ったとき，友人に相談したことが…	1.96	1.00	.71
自分の性格や外見（顔つきや体つき）のことで気になることがあったとき，友人に相談したことが…	1.65	.96	.66
		固有値	3.46
		寄与率	57.70

Table4-1-2 対人関係適応感尺度の因子分析結果 (*N*=339)

	F1	F2	F3	h^2	M	SD
家族関係適応感 (α=.90)						
私には，親しみを感じる家族がいる。	.87	-.01	-0.00	.69	3.56	1.19
私には，なんでも相談できる家族がいる。	.81	-.07	.04	.63	3.10	1.25
私は，家族を信頼している。	.79	.04	-.04	.62	3.82	1.13
私は，分からないことがあったらよく親に聞く。	.75	.03	-.05	.53	3.52	1.23
私は，家族と話をする機会を持とうとしている。	.72	-.12	.15	.62	3.10	1.26
私は，家族と気軽に話せる。	.72	.16	-.07	.60	4.08	1.11
友人関係適応感 (α=.89)						
私は，明るく，楽しい友人関係を持っている。	.01	.90	-.06	.73	3.76	1.04
私は，性格的に明るい方である。	.01	.87	-.07	.70	3.54	1.17
私は，ユーモアのある人間である。	-.02	.78	-0.00	.61	3.19	1.10
私は，人当たりがよく，社交的な方である。	-.03	.75	.10	.60	3.12	1.07
私は，多くの友人をこの学校に持っている。	-.03	.73	.03	.59	3.65	1.14
私は，悩みを聞いてくれたり，何でも話せる友人を，この学校で持っている。	.18	.49	.11	.47	3.59	1.28
教師関係適応感 (α=.90)						
私には，この学校に何でも相談できる先生がいる。	.05	-.12	.84	.67	2.34	1.20
私は，この学校の先生と話をする機会を持とうとしている。	.02	-.08	.82	.68	2.55	1.18
私には，まるで友達のように親しみを感じる先生が，この学校にいる。	-.07	.02	.81	.60	2.55	1.31
私は，この学校の先生と気軽に話せる。	-.11	.17	.79	.65	2.93	1.27
私は，この学校の先生を信頼している。	.07	.02	.70	.54	2.95	1.22
私は，先生によく質問する。	.08	.08	.62	.49	2.62	1.18

因子間相関			
F1	1.00	.47	.45
F2		1.00	.41
F3			1.00

Table4-1-3　分析に用いた各変数の記述統計量

変数	M	SD
家族のモデル (N=339)		
悩みの経験	16.04	5.16
家族への援助要請行動	10.64	4.68
家族関係適応感	21.03	5.95
教師のモデル (N=331)		
悩みの経験	16.10	5.18
教師への援助要請行動	8.81	3.89
教師関係適応感	15.73	5.94
友人のモデル (N=343)		
悩みの経験	16.10	5.17
友人への援助要請行動	11.08	5.04
友人関係適応感	20.82	5.47

助要請行動得点との間に有意な正の相関を示していることが明らかになった。また，悩みの経験得点は家族関係適応感との間に有意な負の相関が認められた。そして，家族，教師，友人への援助要請行動得点と，それぞれの相手との対人関係適応感得点の間には，いずれも有意な正の相関があることが明らかになった。

3．悩みの経験と援助要請行動が対人関係適応感に与える影響

単相関係数を求めた結果から，悩みの経験や援助要請行動が対人関係適応感に影響を与えることが示唆された。ここで，悩みの経験と援助要請行動が対人関係適応感にどのような影響を与えているのかを検討するために分析のモデルに基づいた重回帰分析を行った。

分析には，それぞれの尺度の合計得点を算出して観測変数として用いた。家族，教師，友人に関するモデルをそれぞれFigure 4-1-1～4-1-3に

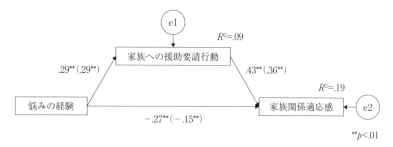

Figure4-1-1 家族への援助要請行動が家族関係適応感に与える影響
注）括弧内の数字には単相関係数を表記した。

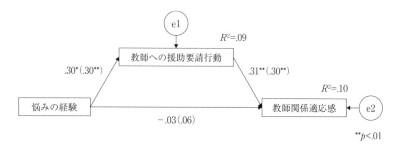

Figure4-1-2 教師への援助要請行動が教師関係適応感に与える影響
注）括弧内の数字には単相関係数を表記した。

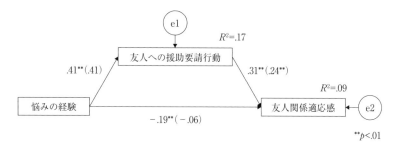

Figure4-1-3 友人への援助要請行動が友人関係適応感に与える影響
注）括弧内の数字には単相関係数を表記した。

示した。パスの上の数字は標準偏回帰係数，観測変数の右上の数字は重相関係数を表し，誤差変数は省略した。

(1) 悩みの経験と家族への援助要請行動が家族関係適応感に与える影響

家族に関するモデルにおいて，悩みの経験から家族への援助要請行動には有意な正の標準偏回帰係数が得られ（$\beta=.29, p<.01$），悩みの経験から家族関係適応感には有意な負の標準偏回帰係数が認められた（$\beta=-.27, p<.01$）。また，家族への援助要請行動から家族関係適応感には有意な正の標準偏回帰係数が得られた（$\beta=.43, p<.01$）。重相関係数は，家族への援助要請行動においては$R^2=.09$，家族関係適応感では$R^2=.19$であった。

(2) 悩みの経験と教師への援助要請行動が教師関係適応感に与える影響

教師に関するモデルにおいて，悩みの経験から教師への援助要請行動には有意な正の標準偏回帰係数が得られ（$\beta=.30, p<.01$），悩みの経験から教師関係適応感には有意な標準偏回帰係数は得られなかった（$\beta=-.03, n.s.$）。また，教師への援助要請行動から教師関係適応感には有意な正の標準偏回帰係数が認められた（$\beta=.31, p<.01$）。重相関係数は，教師への援助要請行動では$R^2=.09$，教師関係適応感では$R^2=.10$であった。

(3) 悩みの経験と友人への援助要請行動が友人関係適応感に与える影響

友人に関するモデルにおいて，悩みの経験から友人への援助要請行動には有意な正の標準偏回帰係数が得られ（$\beta=.41, p<.01$），悩みの経験から友人関係適応感には有意な負の標準偏回帰係数が認められた（$\beta=-.19, p<.01$）。また，友人への援助要請行動から友人関係適応感には有意な正の標準偏回帰係数が得られた（$\beta=.31, p<.01$）。重相関係数は，友人への援助要請行動では$R^2=.17$，友人関係適応感では$R^2=.09$であった。

【考察】

本研究の目的は，中学生の悩みの経験と援助要請行動が対人関係における適応感に与える影響を，家族，教師，友人という援助要請行動の相手ごとに

検討することであった。

　分析の結果，家族，教師，友人のいずれのモデルにおいても，悩みの経験は援助要請行動を促進することが示された。また，家族と友人のモデルにおいて，悩みの経験には，対人関係適応感を直接的に低める効果と，援助要請行動を介して間接的に高める効果の両方が見出された。教師のモデルにおいては，悩みの経験に，援助要請行動を介して教師関係適応感を間接的に高める効果が見出された。

　悩みの経験が援助要請行動を促進するという結果は多くの先行研究と一致している（レビューは，水野・石隈，1999）。また，悩みの経験が対人関係適応感を低めるという結果は，山口ら（2003）と同様であった。悩みの経験と適応との関連は本研究においては家族と友人に関するモデルのみに確認された。

　先行研究では青年期における援助要請行動には情報探索の機能の他に対人関係を発展させる機能もあると言われており（Sullivan et al., 2002），実証的にも友人への援助要請行動が友人関係の適応感を高めることが明らかになっていた（水野ら，2003）。本研究では友人に限らず，家族や教師への援助要請行動がそれぞれの相手への対人関係の適応感と関連するかどうかを検討した。その結果，中学生が行う援助要請行動は友人関係に限らず，家族，教師といった周囲の他者に対して実行されることによっても，それらの他者との関係における適応感を高める可能性が示唆された。本研究の結果はSullivan et al.,（2002）の指摘と一致する。つまり，中学生が援助を求めるという行動にはただ単に悩みや問題を解決するという機能があるにとどまらず，援助を求めた相手との対人関係の適応感をより高めるという機能もあると言える。

　本研究の課題として以下の2点が挙げられる。第一に，本研究では先行研究にならい，援助要請行動が適応に与える影響を直接検討した。しかし，適応状態のよい生徒ほど悩みの内容や状況に応じて援助を求めるか自助努力に

よって悩みに取り組むかを判断している可能性や，援助要請行動を実行しても援助要請者が望んだ援助が受けられない可能性がある。したがって，必要なときに援助を求めることができるための援助要請スキルに関する研究や，援助要請行動後に他者から提供された援助やそのときの援助に対する評価という視点からのより詳細な検討も総合的に行うことが必要であろう。第二に，援助要請行動後の適応に関して，短期的・長期的にみていくことで，時間によって異なる影響がみられる可能性がある（Nadler & Fisher, 1986）。したがって，今後は援助要請行動が適応に与える影響を縦断的に検討することが必要であろう。

第2節　援助要請行動と学校適応の関連【研究2】

【問題と目的】

研究1では外的適応の指標として対人関係適応感が用いられ，家族，教師，友人に対する援助要請行動はそれぞれの対人関係における適応感を促進することが示唆された。本研究では，援助要請行動と内的適応との関連について追試的に検討する。

本研究ではストレス反応と学校生活享受感を用いる。ストレスコーピングとしてのサポート希求や援助要請対処はストレス反応の不安・抑うつ（三浦他，1998；伊藤・小玉，2005），不機嫌・怒りと正の関連を示す（三浦他，1998）。このことから，援助要請行動の多さはストレス反応の表出と関連すると考えられる。学校生活享受感は家族，教師，友人との関係における適応感，学業における適応感と関連することが報告されている（古市・玉木，1994）。援助要請行動と家族，教師，友人との関係における適応感の間には正の関連が見出されていることから（研究1），援助要請行動と学校生活享受感の間にも正の関連が見出されると考えられる。

【方法】

調査対象者：関東と北陸の公立中学校3校に通う中学生1,221名（男子638名，女子583名，平均年齢13.63±0.96歳）。

調査時期：2005年10月下旬〜11月上旬に実施した。

調査方法：個別記入方式の質問紙を用いた。クラス担任教師に調査を依頼し，学活の時間等を用いて質問紙を配布してもらい，集団で調査を実施した。

調査内容：フェイスシートで学年，年齢，性別が尋ねられ，続いて以下の質問への回答が求められた。

(1)**悩みの経験**

過去1ヶ月間に悩んだ経験を尋ねた。その際，研究で用いられた悩みの経験尺度を水野他（2003）を参考に一部修正し，学習面，心理面，社会面，進路面，身体面での悩んだ経験を尋ねる悩みの経験尺度を新たに作成した。各領域の悩み1項目ずつの計5項目であり，5件法（「1：全くあてはまらない」，「2：少しあてはまる」，「3：ある程度あてはまる」，「4：かなりあてはまる」「5：非常によくあてはまる」）で回答が求められた。

(2)**援助要請行動**

過去1ヶ月間の悩みを相談した量を尋ねるために，第1節で用いられた援助要請行動尺度を一部修正して使用した。(1)の悩みの経験と同じ内容を用いて，そのような悩みをもったときに他者に相談した経験を尋ねた。各領域の悩み1項目ずつの計5項目であり，5件法（「1：まったくない」，「2：少しあてはまる」，「3：何回かある」，「4：たくさんある」「5：非常にたくさんある」）で回答が求められた。

(3)**ストレス反応**

三浦他（1998）による中学生用ストレス反応尺度を用いた。本尺度は「不機嫌・怒り」「抑うつ・不安」「無気力」「身体的反応」の4つの下位尺度から構成され，それぞれ4項目ずつの計20項目であり，4件法（「1：まったく

ちがう」「2：少しそうだ」「3：まあそうだ」「4：その通りだ」）で回答が求められた。

(4) 学校生活享受感

　古市・玉木（1994）による学校生活享受感尺度を用いた。本尺度は学校生活を楽しいと思う程度を測定するものである。計10項目であり，5件法（「1：ぜんぜんあてはまらない」「2：あまりあてはまらない」「3：どちらともいえない」「4：だいたいあてはまる」「5：よくあてはまる」）で回答が求められた。

【結果】

　記入漏れと記入ミスのなかった1,157名（男子602名，女子555名，平均年齢13.63±0.96歳）を分析の対象とした。

1．悩みの経験尺度，援助要請行動尺度の信頼性の検討

　悩みの経験尺度の内的整合性を検討するためにCronbachのα係数を算出した。その結果，$\alpha=.73$であり，十分な値が得られた。次に，援助要請行動尺度の信頼性を検討するためにCronbachのα係数を算出したところ，$\alpha=.75$であり，十分高い値が得られた。

2．悩みの経験尺度，援助要請行動尺度の妥当性の検討

　悩みの経験尺度，援助要請行動尺度の項目内容は，中学生が共通して悩むことが多い援助ニーズをもとに作成された（石隈・小野瀬，1997）。また，研究1で用いられた項目内容は，学習面，心理・社会面，進路面であったのに対し，本研究で新たに作成された項目は，学習面，心理面，社会面，進路面，健康面の5領域を網羅している。したがって，悩みの経験尺度，援助要請行動尺度はともに十分な内容的妥当性を有していると考えられる。

　以上より，本研究で分析に用いられた各変数の記述統計量をTable 4-2-1に示した。

3．悩みの経験と援助要請行動がストレス反応に与える影響

分析に用いた各下位尺度の合計得点間の単相関係数を Table 4-2-2 に示した。悩みの経験得点は，援助要請行動得点との間に有意な正の相関を示し（$r=.48, p<.01$），ストレス反応との間にも有意な正の相関が認められた。また，援助要請行動得点とストレス反応との間にも有意な正の相関が示されたが，学校生活享受感との間の相関係数は有意ではなかった。そして，ストレス反応尺度の各下位尺度得点間にも有意な正の相関があり，ストレス反応と学校生活享受感の間にも弱い負の相関係数が得られた。

単相関係数を求めた結果から，援助要請行動がストレス反応と学校生活享受感に影響を与えることが示唆された。そこで，悩みの経験と援助要請行動がストレス反応と学校生活享受感に与える影響を検討するために共分散構造分析を行った。本研究では，過去1ヶ月間の悩みの経験と援助要請行動，そして，現在のストレス反応と学校生活享受感を尋ねているため，悩みの経験→援助要請行動→ストレス反応および学校生活享受感というモデルを構成した。分析には，それぞれの尺度の合計得点を算出して観測変数として用いた（Figure 4-2-1）。パスの付近の数字は標準偏回帰係数，観測変数の右上の数字は重相関係数を表した。分析の結果，悩みの経験から援助要請行動には有意な正の標準偏回帰係数が得られ（$\beta=.48, p<.01$），悩みの経験から不安・抑うつ（$\beta=.55, p<.01$），不機嫌・怒り（$\beta=.42, p<.01$），無気力（$\beta=.47, p<.01$），身体的反応への有意な正の標準偏回帰係数が認められ（$\beta=.41, p<.01$），学校生活享受感には負の標準偏回帰係数が得られた（$\beta=-.10, p<.01$）。また，援助要請行動から不安・抑うつには有意な正の標準偏回帰係数が得られ（$\beta=.06, p<.05$），不機嫌・怒りには正の標準偏回帰係数の有意傾向が認められた（$\beta=.05, p<.10$）。援助要請行動と無気力，身体的反応の関連は有意ではなかったが，学校生活享受感には有意な正の標準偏回帰係数があることが明らかになった（$\beta=.14, p<.01$）。重相関係数は，援助要請行動においては $R^2=.23$，不安・抑う

つでは $R^2=.34$, 不機嫌・怒りでは $R^2=.20$, 無気力では $R^2=.22$, 身体的反応では $R^2=.18$, 学校生活享受感では $R^2=.02$であった。

Table4-2-1　分析に用いた各変数の記述統計量 (N=1157)

変数	M	SD
悩みの経験	12.31	4.32
援助要請行動	7.98	3.40
ストレス反応		
不安・抑うつ	8.52	3.94
不機嫌・怒り	9.11	4.80
無気力	9.58	3.90
身体的反応	8.06	3.73
学校生活享受感	31.18	5.80

Table4-2-2　悩みの経験，援助要請行動，ストレス反応，学校生活享受感の単相関係数 (N=1157)

	悩みの経験	援助要請行動	不安・抑うつ	不機嫌・怒り	無気力	身体的反応	学校生活享受感
悩みの経験	1.00	.48 **	.58 **	.44 **	.47 **	.42 **	-.03 n.s.
援助要請行動		1.00	.32 **	.25 **	.23 **	.23 **	.09 n.s.
不安・抑うつ			1.00	.63 **	.57 **	.60 **	-.12 **
不機嫌・怒り				1.00	.48 **	.53 **	-.18 **
無気力					1.00	.56 **	-.15 **
身体的反応						1.00	-.14 **
学校生活享受感							1.00

**p<.01

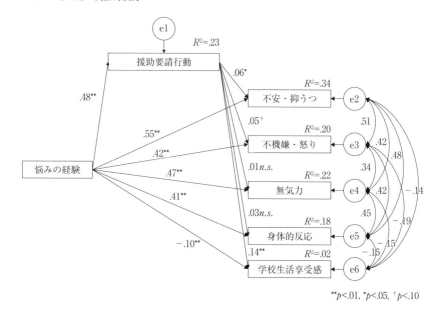

Figure4-2-1　悩みの経験，援助要請行動，ストレス反応，学校生活享受感の関連

【考察】

　本研究では，援助要請行動が適応に与える影響を，ストレス反応と学校生活享受感を用いて横断的に検討することを目的とした。その結果，ストレス反応に関して，悩みの経験の多さと援助要請行動，ストレス反応の間には正の関連が認められ，援助要請行動は不安・抑うつと不機嫌・怒りとの間に正の関連があることが示された。学校生活享受感については，悩みの経験の多さは学校生活享受感と負の関連があり，援助要請行動の多さと学校生活享受感の間には正の関連が認められた。

　悩みの経験の多さと援助要請行動の関連は研究1の結果と同様であった。また，悩みの経験はストレッサーとしてとらえることができるため，ストレス反応との間に高い関連が見出されたと考えられる。

　援助要請行動がストレス反応の不安・抑うつ，不機嫌・怒りとの間に正の

関連を示すという本研究の結果は，三浦他（1998）や伊藤・小玉（2005）の報告と一致している。しかし，本研究で得られた援助要請行動と不安・抑うつ，不機嫌・怒りとの間の標準偏回帰係数は非常に小さいため，その影響はかなり限定的であると考えられる。加えて，不安や抑うつといった内的適応の指標を用いた縦断的な検討によって得られた知見のほとんどは，援助要請行動と内的適応との間に関連がないことを示している（Lieberman & Mullan, 1978; Rickwood, 1995）。したがって，ストレス反応尺度を用いた縦断的な検討を行うことが必要であろう。

援助要請行動は対人関係適応感を促進することが示唆されている（研究1）。加えて，本研究では援助要請行動と学校生活享受感との間に正の関連があることが明らかになった。学校生活享受感は学校環境への適応を測定する包括的な概念であり，対人関係の適応感と関連することが指摘されている（古市・玉木，1994）。したがって，援助要請行動は対人関係適応感を高め，その結果，学校生活享受感が促進されるという可能性がある。ところで，水野他（2003）は援助要請行動が心理面と健康面の適応感を低めることを示唆している。水野他（2003）で用いられた尺度の心理面の項目は「私は最近，なんとなく不安になることがある」「私は最近，いらいらしがちだ」などであり，健康面は「私は最近，頭が重い」などの項目から構成されている。これらの項目内容はストレス反応と類似していると考えられる。したがって，水野他（2003）の結果は，援助要請行動は内的適応と負の関連にあることを示していると読み取ることができよう。

本研究の限界として，ストレス反応と学校生活享受感を用いた縦断的な検討がなされていない。援助要請行動と内的適応の関連については縦断的な検討によってほとんど関連がないことが見出されていることから，今後はこれらの適応指標を用いて縦断的な検討を行い，援助要請行動が適応に与える影響の強さを追試的に検討することが必要である。

第3節 援助要請行動と学校適応の関連―縦断的検討―
【研究3】

【問題と目的】

援助要請行動と適応の関連を縦断的に検討した先行研究では，援助要請行動は内的適応にはほとんど影響を与えないことが明らかになっている（Lieberman & Mullan, 1978；Rickwood, 1995）。本研究では，研究2によって援助要請行動との関連が見られたストレス反応と学校生活享受感を用いて援助要請行動との関連を縦断的に検討する。

【方法】

調査対象者：関東と北陸の公立中学校3校に通う中学生1,258名（男子656名，女子602名，平均年齢13.63±0.96歳）。なお，本研究のTime 1の対象者は研究2と同一であった。

調査時期：Time 1の調査を2005年10月下旬～11月上旬に実施し，Time 2の調査を11月下旬～12月中旬に実施した。

調査方法：個別記入方式の質問紙を用いた。クラス担任教師に調査を依頼し，学活の時間等を用いて質問紙を配布してもらい，集団で調査を実施した。

調査内容：Time 1 とTime 2において，同様の調査が実施された。フェイスシートで学年，出席番号，年齢，性別が尋ねられ，続いて以下の質問への回答が求められた。なお，出席番号はTime 1 とTime 2のデータの対応をとるために用いられた。

(1) **悩みの経験**

過去1ヶ月間に悩んだ経験を尋ねた。学習面，心理面，社会面，進路面，身体面の悩みに関して1項目ずつの計5項目であり，5件法（「1：全くあて

はまらない」、「2：少しあてはまる」、「3：ある程度あてはまる」、「4：かなりあてはまる」「5：非常によくあてはまる」）で回答が求められた。

(2) **援助要請行動**

過去1ヶ月間の悩みを相談した量を尋ねるために、(1)の悩みの経験と同じ内容を用いて、そのような悩みをもったときに他者に相談した経験を尋ねた。各領域の悩み1項目ずつの計5項目であり、5件法（「1：まったくない」、「2：少しあてはまる」、「3：何回かある」、「4：たくさんある」「5：非常にたくさんある」）で回答が求められた。

(3) **ストレス反応**

三浦他（1998）による中学生用ストレス反応尺度を用いた。本尺度は「不機嫌・怒り」「抑うつ・不安」「無気力」「身体的反応」の4つの下位尺度から構成され、それぞれ4項目ずつの計20項目であり、4件法（「1：まったくちがう」「2：少しそうだ」「3：まあそうだ」「4：その通りだ」）で回答が求められた。

(4) **学校生活享受感**

古市・玉木（1994）による学校生活享受感尺度を用いた。本尺度は学校生活を楽しいと思う程度を測定するものである。計10項目であり、5件法（「1：ぜんぜんあてはまらない」「2：あまりあてはまらない」「3：どちらともいえない」「4：だいたいあてはまる」「5：よくあてはまる」）で回答が求められた。

【結果】

記入漏れと記入ミスのなかった1,061名（男子552名，女子509名，平均年齢13.65±0.95歳）を分析の対象とした。分析に用いた各変数の記述統計量をTable 4-3-1に示した。なお，Time 1における悩みの経験と援助要請行動は，分析には用いなかった。

Table4-3-1 分析に用いた各変数の記述統計量 (N=1061)

変数	M	SD
ストレス反応（Time1）		
不安・抑うつ	8.49	3.92
不機嫌・怒り	9.08	4.73
無気力	9.54	3.88
身体的反応	8.01	3.68
学校生活享受感（Time1）	31.27	5.65
悩みの経験（Time1～Time2）	12.18	4.46
援助要請行動（Time1～Time2）	8.25	3.61
ストレス反応（Time2）		
不安・抑うつ	8.52	4.12
不機嫌・怒り	8.65	4.61
無気力	9.14	3.96
身体的反応	7.73	3.61
学校生活享受感（Time2）	31.29	5.70

1．悩みの経験と援助要請行動がストレス反応，学校生活享受感に与える影響

　分析に用いた各下位尺度の合計得点間の単相関係数を Table 4-3-2 に示した。悩みの経験と援助要請行動がストレス反応，学校生活享受感に与える影響を検討するために共分散構造分析を行った。本研究では，各変数の時間的順序性を考慮し，Time 1 のストレス反応と学校生活享受感が悩みの経

験，援助要請行動，Time 2 のストレス反応と学校生活享受感に影響を与え，悩みの経験は援助要請行動，Time 2 のストレス反応と学校生活享受感に影響し，援助要請行動は Time 2 のストレス反応と学校生活享受感に影響するというモデルを構成した。また，Time 1 のストレス反応の各下位尺度と学校生活享受感の間，および Time 2 のストレス反応と学校生活享受感の誤差変数間にそれぞれ共分散を仮定した。分析には，それぞれの尺度の合計得点を算出して観測変数として用いた（Figure 4-3-1）。パスの付近の数字は標準偏回帰係数，観測変数の右上の数字は重相関係数を表した。

その結果，モデルの適合度は $\chi^2 = 46.00$，$df = 12$ で有意であったが（$p<.01$），分析対象者数の多さを考慮し，モデルのあてはまりのよさの判断には用いないこととした。その他の適合度指標に関しては，GFI=.99, AGFI=.96, CFI=1.00, RMSEA=.052 であり，いずれの指標もデータのモデルへのあてはまりが良好であることを示していた。標準偏回帰係数について，Time 1 のストレス反応から Time 2 のストレス反応に有意な正の標準偏回帰係数が得られた。また，Time 1 のストレス反応の不安・抑うつ，不機嫌・怒り，無気力と学校生活享受感から悩みの経験に有意な正の標準偏回帰係数が得られた。Time 1 のストレス反応と援助要請行動の間には，不安・抑うつと不機嫌・怒りからは正，無気力からは負の関連がみられた。さらに，悩みの経験と援助要請行動の間には有意な正の標準偏回帰係数が認められ（$\beta=.50, p<.01$），悩みの経験と Time 2 のストレス反応との間にも有意な正の標準偏回帰係数が得られた（不安・抑うつ：$\beta=.31, p<.01$，不機嫌・怒り：$\beta=.24, p<.01$，無気力：$\beta=.21, p<.01$，身体的反応：$\beta=.20, p<.01$）。悩みの経験と Time 2 の学校生活享受感の間には有意な関連は認められなかった。そして，援助要請行動と Time 2 のストレス反応の間にも有意な関連はみられなかったが，学校生活享受感への有意な制の標準偏回帰係数が得られた（$\beta=.06, p<.05$）。

重相関係数は，悩みの経験においては $R^2=.30$，援助要請行動では

Table4-3-2 ストレス反応(Time1), 悩みの経験, 援助要

		Time1				
		不安・抑うつ	不機嫌・怒り	無気力	身体的反応	学校生活享受感
Time1	不安・抑うつ	1.00	.63**	.57**	.58**	−.33**
	不機嫌・怒り		1.00	.47**	.51**	−.37**
	無気力			1.00	.56**	−.31**
	身体的反応				1.00	−.30**
	学校生活享受感					1.00
Time1〜Time2	悩みの経験					
	援助要請行動					
Time2	不安・抑うつ					
	不機嫌・怒り					
	無気力					
	身体的反応					
	学校生活享受感					

R^2=.27,不安・抑うつではR^2=.54,不機嫌・怒りではR^2=.47,無気力ではR^2=.52,身体的反応ではR^2=.50,学校生活享受感ではR^2=.43であった。

【考察】

本研究では,援助要請行動が適応に与える影響をストレス反応と学校生活享受感を用いて縦断的に検討することを目的とした。その結果,悩みの経験に時間的に先行するストレス反応のうち,身体的反応は悩みの経験とは関連がみられなかったものの,悩みの経験はその後のすべてのストレス反応と正の関連があることが示された。また,悩みの経験とストレス反応の不安・抑うつは援助要請行動と正の関連があり,無気力は援助要請行動と負の関連にあることが明らかになった。さらに,ストレス反応と悩みの経験を統制する

第4章　援助要請行動と適応の関連

請行動，ストレス反応（Time 2）の単相関係数（N=1061）

	Time1～Time2		Time2				
	悩みの経験	援助要請行動	不安・抑うつ	不機嫌・怒り	無気力	身体的反応	学校生活享受感
	.51 **	.31 **	.69 **	.48 **	.50 **	.47 **	-.26 **
	.41 **	.22 **	.49 **	.68 **	.45 **	.46 **	-.31 **
	.43 **	.19 **	.49 **	.39 **	.71 **	.47 **	-.28 **
	.37 **	.20 **	.44 **	.42 **	.45 **	.69 **	-.25 **
	-.20 **	-.06 *	-.27 **	-.30 **	-.25 **	-.31 **	.80
	1.00	.51 **	.58 **	.45 **	.47 **	.43 **	-.20 **
		1.00	.35 **	.22 **	.24 **	.25 **	-.03 n.s.
			1.00	.63 **	.63 **	.59 **	-.32 **
				1.00	.54 **	.56 **	-.36 **
					1.00	.60 **	-.27 **
						1.00	-.30 **
							1.00

**p<.01

と，援助要請行動はすべてのストレス反応と関連しないことが示された。学校生活享受感は悩みの経験や援助要請行動とほとんど関連しないことが明らかになった。そして，悩みの経験は援助要請行動と正の関連があった。

　過去の学校生活享受感は悩みの経験とほとんど関連しなかった。この結果は，学校生活に適応している生徒であっても悩みを抱えうること，または，学校生活に適応していないからといって悩みが多いわけではないことを示唆している。本研究で用いた悩みの経験尺度は，学校生活で多くの生徒が共通して抱える悩みである援助ニーズを参考に作成された（石隈・小野瀬，1997）。したがって，学校生活への適応の良好さは悩みの多さに関与しないという本研究の結果は，援助ニーズの内容がどの生徒にもあてはまるということを実証的に支持する結果であると言えよう。一方，以前のストレス反応

74　第2部　実証的検討

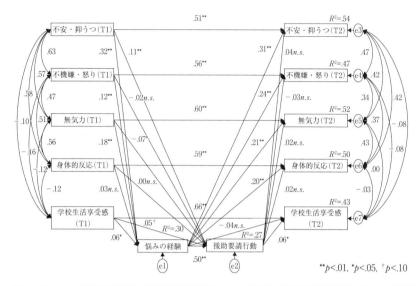

Figure4-3-1　悩みの経験と援助要請行動がストレス反応と学校生活享受感に与える影響

のうちの不安・抑うつ，不機嫌・怒り，無気力は悩みの経験の多さに関与することが明らかになった。このことは，中学生は自分の不快な情動ややる気が出ないことのような情動的・認知的側面のネガティブな体験から自分の悩みに気づくことを示唆している。

　援助要請行動は，悩みの経験の他に，不安・抑うつと学校生活享受感によって促進され，無気力によって抑制されることが示唆された。悩みの経験と援助要請行動が正の関連にあることは多くの先行研究の報告と一致している（Lieberman & Mullan, 1978; Phillips & Murrell, 1994; Rickwood & Braithwaite, 1994; Kung, 2003; Tyssen et al., 2004; 研究1; 研究2）。また，本研究で得られた不安・抑うつと援助要請行動との関連も，不安の高い人は援助要請行動をより多く行うというSchonert-Reichl & Muller（1996），Sears（2004）の報告と同様である。加えて，本研究では無気力が援助要請行動を抑制すること，学校生活享受感が援助要請行動を促進する可能性があることが示された。無

気力であることは悩みの解決のための行動を抑制すると考えられる。そのために，悩みの解決のための行動の一つである援助要請行動を抑制すると推察される。学校生活享受感が援助要請行動を促進する可能性があるという本研究の結果から，学校生活を楽しいと感じることで，援助を求めやすいと知覚する可能性が示唆される。

　学校生活享受感は対人関係の適応感，学業の適応感と関連し（古市・玉木，1994），援助要請行動は対人関係適応感と正の関連があることが示されている（研究1）。これらの知見に本研究の結果を加えると，援助要請行動が対人関係適応感を促進し，その影響で学校生活享受感が向上するという因果関係が推測される。援助要請行動と学校生活享受感の間に関連がなかった理由の一つに対人関係適応感という媒介変数の存在が指摘できよう。

　本研究の結果をまとめると以下のようになる。ストレス反応の表出によって悩みはより強く感じられ，そのような悩み自体はその後のストレス反応の表出を高めるというように，ストレス反応と悩みの経験との関連は循環的である。また，過去の適応状態は援助要請行動と直接的には関連しない。そして，その悩みを相談するという援助要請行動では，ストレス反応は軽減されないが，学校生活享受感を高める可能性がある。

　本研究の課題として，中学生は情動的・認知的側面のネガティブな体験によって自分の悩みに気づくことが示唆されたものの，その理由は定かではない。今後は石隈・小野瀬（1997）による援助ニーズを用いて，中学生が自分の援助ニーズに気づく過程を明らかにする必要があろう。そのような研究は中学生が悩んでいるときに発するサインを明らかにすることにつながる。中学生が悩んでいるときのサインを明らかにできれば，悩んでいるという自覚のない生徒に対して悩みへの気づきを促進し，援助者が本人とともに解決のための援助を行うことができよう。また，生徒を取り巻く周囲の援助者は，生徒の発するサインからその生徒の抱える悩みを想像することができ，一人ひとりの子どもにあった援助を提供することで悩みが大きくなりすぎるのを

予防することが期待される。

第4節　第4章のまとめ

　第4章の目的は，中学生が悩みを他者に相談するという現象に注目し，援助要請行動と適応の関連を明らかにすることであった。本章は本研究の目的①に対応する。

　第4章では，援助要請行動とさまざまな適応指標との関連を先行研究の追試的に検討した。研究1では外的適応の指標として対人関係適応感を用いた。その結果，親，教師，友人への援助要請行動は，それぞれの相手との関係における対人関係適応感と正の関連があることが明らかになった。

　研究2では，ストレス反応と学校生活享受感を用いた。その結果，援助要請行動は学校生活享受感，ストレス反応のうちの不安・抑うつ，不機嫌・怒りとの間に正の関連があることが示された。

　研究3では，研究2と同じくストレス反応と学校生活享受感を用いて，援助要請行動とこれらの適応指標との関連を縦断的に検討した。その結果，過去のストレス反応と悩みの経験を統制すると援助要請行動はストレス反応と学校生活享受感との間にほとんど関連がみられず，援助要請行動が内的適応にほとんど関連しないという先行研究と一致した結果が得られた。さらに，過去の学校生活享受感は悩みの経験とほとんど関連しないが身体的反応以外のストレス反応は悩みの経験の知覚を高めること，そして，ストレス反応の不安・抑うつ，不機嫌・怒りは援助要請行動を促進し，無気力は抑制することが示された。

　第4章の3つの研究から得られた知見を総合すると，援助要請行動は内的適応（ストレス反応，学校生活享受感）を悪化させずに外的適応（対人関係適応感）を改善する可能性があるために，悩みに対する適応的な対処方略であると言えそうである。

しかし，援助要請行動によって内的適応が改善されないことは，我々の日常的な体験と一致しないと思われる。また，内的適応を改善するような援助要請行動のあり方を検討することで，内的適応と外的適応の両方を高めるような援助要請行動のあり方を明らかにすることができよう。そこで，以降の章では援助要請行動後の過程として援助に対する評価という概念を新たに導入し，援助要請行動後の適応に至る過程を詳細に検討することを試みる。

第5章　援助評価尺度の開発

　第5章では，援助要請行動後に何らかの援助を受けた後の援助に対する評価がどのように行なわれているかを検討し，その評価を測定する援助評価尺度を作成する。第1節では，中学生を対象として援助評価尺度の項目を収集し，援助評価尺度の候補項目を作成する。第2節では，第1節の候補項目の因子構造を検討し，信頼性を確認する。第3節では援助評価尺度の妥当性の検討を試みる。

第1節　援助評価尺度の項目収集【研究4】

【問題と目的】

　援助要請行動後の適応を予測するためには，援助要請行動の量のみでなく，得られた援助に対する評価という視点を導入することが有用である。しかし，中学生を対象とし，日常的な悩みの相談という現象を想定した援助に対する評価を測定する尺度は作成されていない。また，先行研究では援助に対する満足感という1次元上の概念を扱っているが（Burke & Weir, 1977, 1978），援助に対する評価は問題解決の程度と自尊心への影響の程度という側面から多次元的になされるという指摘がなされている（高木, 1997）。援助に対する評価を多次元的にとらえることで，ある援助が適応の側面ごとに異なる影響をもつという可能性を視野に入れて検討することができよう。

　したがって，中学生を対象とした，悩みを相談するという現象を想定した上で援助に対する評価を多次元的にとらえた尺度を作成することが必要である。そこで，本研究ではまず，中学生が悩みを相談した後で行う援助に対する評価を測定する尺度（援助評価尺度）の候補項目を作成することを目的と

する。

【方法】

調査対象者：関東の公立中学1校の3年生125名（男子65名，女子57名，不明3名，平均年齢14.23±0.42歳）。中学3年生のみを対象とした理由は2つあった。一つは，中学1，2年生では悩みを相談した経験がない生徒や少ない生徒が多数存在すると予想されたためであった。もう一つは，自由記述調査の結果から尺度項目を作成するにあたり，悩みを相談したときやその後の体験を振り返った上でのある程度的確・詳細な回答が求められ，中学3年生からはそのような回答が期待できると思われたためであった。

調査時期：2005年6月中旬に実施した。

調査内容：友人，先生，親，きょうだいなどに相談したことを思い出してもらい，以下の構成による自由記述式調査を行った。

(1)援助に対するポジティブな評価

　相談したときやその後で良かったことを尋ねた。「あなたが悩みを相談したときやその後で，良かったと思ったことはどんなことですか？　思いつくことをいくつでも答えて下さい」と教示した。

(2)援助に対するネガティブな評価

　相談したときやその後で悪かったことを尋ねた。「あなたが悩みを相談したときやその後で，嫌だったことや相談しなければよかったと思ったことはどんなことですか？　思いつくことをいくつでも答えて下さい」と教示した。

(3)被援助後の自分自身の変化

　悩みを相談したことが自分自身に与えた影響を尋ねるために，相談したときやその後で悩み自体への取り組み方の変化を尋ねた。「あなたが悩みを相談したときやその後で，悩みに対する見方や考え方，悩みへの取り組み方にどのような変化がありましたか？　思いつくことをいくつでも答えて下さ

⑷被援助後のポジティブな評価の経験とその理由

　相談したときやその後で「他の人に支えられている」「楽になった」と感じた経験があるかどうかを2件法（はい／いいえ）で尋ねた。「はい」と答えた人には，なぜそのような気持ちを感じたかを尋ねた。

⑸被援助後のネガティブな評価の経験とその理由

　相談したときやその後で「私は傷ついた」「相談しなければよかった」と感じた経験があるかどうかを2件法（はい／いいえ）で尋ねた。「はい」と答えた人には，なぜそのような気持ちを感じたかを尋ねた。

【結果】

1．援助に対するポジティブな評価の経験

　記入漏れや記入ミスを除いた122名について，相談したときやその後で「他の人に支えられている」「楽になった」という経験をしたことがある人は79人（64.8％）であり，そのような経験をしたことがない人は43人（35.2％）であった。

2．援助に対するネガティブな評価の経験

　記入漏れや記入ミスを除いた122名について，相談したときやその後で「私は傷ついた」「相談しなければ良かった」という経験をしたことがある人は22人（18.0％）であり，そのような経験をしたことがない人は100人（82.0％）であった。

3．自由記述の分類

　自由記述によって得られた回答を単独の意味のまとまりごとに分類した。具体的には，「どうすればいいか分かるし，安心する」という記述を「どう

すればいいか分かる」と「安心する」の2つに分類する，という作業であった。その結果506個の記述が得られた。これらの記述を高木（1997）の指摘に基づき，「問題解決」と「自尊感情への影響」という2つの側面に分類した。続いて，問題解決に関するポジティブな記述を「悩みの改善」として分類した。問題解決に関するネガティブな記述の内容を吟味したところ，「悩みの改善」に分類した内容を否定したり打ち消したりする内容のみではなく，「悩みの改善」とは別の構成概念であると判断された。そこで，問題解決に関する構成概念を「悩みの改善」と「悩みの悪化」の2つに分類した。さらに，自尊感情への影響に関するポジティブな記述では援助的な対人関係についての記述が多く，「他者からの支え」と分類した。自尊感情への影響に関するネガティブな記述は「自尊感情の傷つき」と分類した。

　以上の理論的枠組みをもとに，臨床心理学・発達臨床心理学を専攻している大学院生計5名により得られた記述を分類した。その結果をTable 5-1-1に示した。

4．援助評価尺度候補項目の作成

　分類後に，認知に関する記述を中心に項目を選定し，項目表現を中学生にも理解しやすいように修正した。項目採用の基準として，「認知」の中で自由記述の数が多かったものを優先的に採用した。また，「感情」や「行動」に分類された項目の中から，「認知」として記述可能なものを採用した。最終的に，「悩みの改善」11項目，「悩みの悪化」5項目，「他者からの支え」6項目，「自尊感情の傷つき」8項目の計30項目から構成される援助評価尺度候補項目が作成された。項目作成後，選択された項目と元の分類枠との関連が適切であり，かつ選択された項目群がそれぞれの分類を代表しているという視点から，現職の中学校教員1名，臨床心理学・発達臨床心理学専攻の大学院生4名の合計5名によって本尺度の内容的妥当性が確認された（Table 5-1-2）。

Table5-1-1 自由記述分類結果

大カテゴリー	小カテゴリー	記述内容	度数
悩みの改善	認知	どうすればいいかはっきりした	45
		どう解決すればいいか分かった	11
		自分の悩みが分かった	8
		前向きに考えられるようになった	7
		悩みが解決した	6
		違う考えを持てた	5
		一人で抱え込むよりずっと良かった	5
		あまり悩んでいてもしょうがない	4
		悩んでいることが無くなった	4
		自分の悩みが小さなものだと知った	3
		自分のやることがわかった	2
		もういいか，と思うのが必要だと思った	1
		自分の悩みへの心構えができた	1
		何でこんなに悩んでいるのかと思った	1
		今までのことを振り返った	1
		もっとこうすればよかったと思った	1
		悩みの原因が分かった	1
		自分に対する思いが分かった	1
		悩んでいるときはテンションを低くしてじっくり考えたほうがいいことが分かった	1
		一人で悩んでもどうにもならないと思った	1
		悩んでいることをまずは自分でどうにかしようと思った	1
		悩みに対する見方が変わった	1
		自分の悩んでいることが前より解決できるようになった	1
	行動	悩みを解決しようと努力した	3
		アドバイスを実践に活用できた	1
		落ち着いて行動できた	1
		自分の考えだけじゃなくて，他の人の考えも受け入れるようになった	1
		小さなことでクヨクヨしなくなった	1
		悩まず，立ち向かう	1
		悩むのをやめた	1
	相手の行動	アドバイスをくれた	21
		人の意見が聞けた	3
		勉強のやり方を教えてもらった	1

Table5-1-1 (continued)　自由記述分類結果

大カテゴリー	小カテゴリー	記述内容	度数
悩みの悪化	認知	余計に悩んだ	13
		変化が無かった	6
		余計に分からなくなった	5
		その人の意見だけで自分の意見が消されてしまった	3
		どうすればいいか分からなかった	3
		解決しなかった	2
		心にもやもやが残った	2
		逆に悩みが増えた	1
		悩みが増えた	1
		よく分からなかった	1
		悩んだままだった	1
		頭の中がぐちゃぐちゃになった	1
		相談相手を間違えたと思った	1
		相手が何も分かってくれなかった	1
	相手の行動	ありきたりの答えしか返ってこなかった	2
		あまりためになることを言ってもらえなかった	2
		4人くらいの友達に相談したら，答えが2人2人に分かれてしまった	1
		無理なことを言われた	1

Table5-1-1 (continued)　自由記述分類結果

大カテゴリー	小カテゴリー	記述内容	度数
他者からの支え	認知	話を聞いてくれた	16
		真剣に話を聞いてくれた	12
		必死に考えてくれた	12
		自分のことみたいに考えてくれた	6
		最後まで話を聞いてくれた	4
		自信がついた	4
		共感してくれた	3
		自分の味方だと思えた	3
		一生懸命話を聞いてくれた	2
		自分と同じ気持ちになってくれた	2
		嫌な顔一つせずに聞いてくれた	1
		話せてよかった	1
		自分の意見が伝わった	1
		相手が理解してくれた	1
		気持ちの入れ替えができた	1
		互いに向上した	1
		同じ悩みを持っている人もいるんだなぁ	1
		中の良い友達が私と同じ立場になって考えてくれた	1
		親身になってくれた	1
		一緒に悩んでくれた	1
		分かり合えた	1
		一人じゃないんだなと思えた	1
		一人で悩まなくてもいいんだと思った	1
		いい相談相手がいて	1
		自分のことを分かってくれる人がいると思えた	1
		自分の話をちゃんと聞いてくれる人もいるんだなぁと思った	1
	行動	他の人に話せた	1
		思っていたことがすべていえた	1
		相談に乗ってくれた人のつらいことも話した	1

Table5-1-1 (continued) 自由記述分類結果

大カテゴリー	小カテゴリー	記述内容	度数
他者からの支え	感情	すっきりした	33
		楽になれた	32
		安心した	14
		落ち着いた	4
		いつの間にか元気になった	4
		気持ちが軽くなった	3
		うれしかった	2
		もやもやした気分が抜けた	2
		不安じゃなくなった	2
		勇気が出た	1
		肩の荷が下りたような気がした	1
		その友達に感謝している	1
		自分と同じ意見でほっとした	1
		たまっていたストレスなどが解消できた	1
	相手の行動	励ましてくれた	21
		抱きしめてくれた	2
		協力してくれた	2
		真剣に答えてくれた	1
		自分ひとりじゃできないことを友達も手伝ってくれた	1
		いい人と言ってくれた	1
		一緒に泣いてくれた	1
		真剣な目で見てくれた	1
		声をかけてもらった	1
		いつも相談に乗ってくれてありがとうと言われた	1

Table5-1-1 （continued）　自由記述分類結果

大カテゴリー	小カテゴリー	記述内容	度数
自尊感情の傷つき	認知	悩んでいることを言ってもちゃんと聞いてくれなかった	7
		話を流された	4
		あまり真剣に考えてくれなかった	3
		裏切り	2
		人に頼りすぎているように思えた	2
		一緒に考えてくれなかった	1
		自分が何もかも悪いと思えた	1
		自分が甘えているように思えた	1
	行動	相談した人に余計に詳しく言わされた	1
		相手の気持ちを知らずに相談した	1
	感情	話をしたらまた悲しくなった	2
		落ち込んだ	1
		がっかりした	1
		むかっときた	1
		残念だった	1
		不安になった	1
		恥ずかしかった	1
	相手の行動	ばらされた	31
		他の人が知っていた	10
		言われたくないことをいわれた	5
		ばかにされた	5
		笑われた	3
		マイナスなことを言われた	1
		予想もしないことを聞いたとき	1
		否定された	1
		まぁしょうがないよと言われた	1
		「お前は」みたいなかんじで怒られた	1
		自分のことで相談したのに逆に相手が悩んでしまった	1
		注意された	1
		相談の内容で自分が悪いと言われた	1
		大げさに何かされる	1
		嫌そうな顔をした	1

Table5-1-1 (continued)　自由記述分類結果

大カテゴリー	小カテゴリー	記述内容	度数
		それはただのわがままなんじゃんと言われた	1
		答えが返ってこなかった	1

【考察】

　本研究では，中学生の被援助後の援助に対する評価を測定する尺度（援助評価尺度）の候補項目を作成することを目的として，中学3年生を対象に自由記述調査が行われた。

　その結果，先行研究をもとにして，「悩みの改善」「悩みの悪化」「他者からの支え」「他者への依存」の4下位尺度が想定される援助評価尺度候補項目が作成された。また，中学3年生の中で，相談したときやその後で「他の人に支えられている」「楽になった」という経験をしたことがない生徒が35.2％存在し，「私は傷ついた」「相談しなければよかった」という経験をしたことがある生徒は18.0％いるという実態が明らかとなった。

　まず，援助に対する評価の実態に関して，本研究で得られた回答の中には，悩みを相談したことのない生徒の回答も含まれていることが予想されるため，本研究の結果は悩みを相談したときやその後で良かったという経験をしたことがない生徒は過大評価されていると考えられる。しかし，悩みを相談しなければよかったという経験をした生徒は過小評価されていると考えることができる。したがって，悩みを相談した結果，相談しなければよかったという経験をした生徒は少なくとも18.0％存在するととらえることが妥当であろう。この数字から，援助に対する評価という概念を検討し，相談したときに援助要請者がよりポジティブな評価をするような心理教育的援助サービスを検討することは，ある一定数の生徒にとって望まれることであり，意義あることであると言えよう。

　次に，本研究によって援助評価尺度の候補項目が作成された。本尺度の候補項目は，先行研究による理論的枠組みを参考にしたこと，中学生に実施し

Table5-1-2　援助評価尺度の想定された因子と項目

想定された因子	項目
悩みの改善	どうすればいいかがはっきりした
	自分の気持ちの入れかえができた
	どんなことで悩んでいるのかはっきりした
	悩みが小さくなった
	自分の考えとは違ういろいろな考えに気づいた
	悩むことはだれにでもあると思った
	なぜうまくいかなかったのかが分かった
	悩みがあるときには，自分が悩んでいることを認めようと思った
	悩みから逃げずに立ち向かおうと思った
	悩んでいることをまずは自分でどうにかしようと思った
	悩んだときには自分はこうすればいいというやり方が分かった
悩みの悪化	相談する前よりももっと悩んだ
	自分の心にもやもやしたものが残った
	悩みの重さはそのままだった
	自分の意見が消されてしまった
	自分がどうすればいいか余計に分からなくなった
他者からの支え	自分は一人じゃないんだと思った
	自分と同じ悩みを持っている人もいると思った
	自分の味方をしてくれる人がいると思った
	一人で悩まなくてもいいんだと思った
	自分にはいい相談相手がいると思った
	自分のことを分かってくれる人がいると思った
自尊感情の傷つき	自分が甘えていると思った
	うらぎられたと思った
	自分が他の人に頼りすぎていると思った
	自分にはできないことがたくさんあると思った
	自分が何もかも悪いと思った
	相談した相手に迷惑をかけたと思った
	他の人の意見にふりまわされた
	ばかにされたと思った

た自由記述調査から項目を収集したことから，本尺度は内容的妥当性を有していると考えられる。

今後の研究において，本研究によって作成された援助評価尺度を用いて援助要請行動後の適応に至る過程をより詳細に検討することが可能となり，援助要請行動と適応に関する従来の知見を見直すことが期待される。

第2節　援助評価尺度の作成と信頼性の検討【研究5】

【問題と目的】

研究4では，高木（1997）による理論をもとに，中学生が悩みを相談した後に受けた援助に対する評価を測定する尺度（援助評価尺度）の候補項目が作成された。しかし，この尺度は未だ実証されていない。

そこで，本研究では，中学生を対象とした援助評価尺度を作成することを目的とする。

【方法】

調査対象者：関東の公立中学校2校に通う中学生634名（男子319名，女子315名，平均年齢13.38±0.95歳）。

調査時期：2005年7月上旬，9月中旬〜10月上旬に実施した。

調査方法：個別記入方式の質問紙を用いた。クラス担任教師に調査を依頼し，学活の時間等を用いて質問紙を配布してもらい，集団で調査を実施した。

調査内容：フェイスシートで学年，年齢，性別が尋ねられ，続いて以下の質問への回答が求められた。

(1)中学入学後の相談経験の有無

中学校入学後に相談した経験の有無を，「あなたは中学校に入学してから今までの間に，悩みを親（保護者），先生，友だち，きょうだい，その他の人

などに相談したことはありますか？ あてはまるほうに○をつけて下さい。」という質問によって尋ねられた。回答は,「はい」と「いいえ」のあてはまるほうに○をつけるように求められた。

(2) 具体的な相談場面の想起に関する質問

一番最近相談した場面を想起してもらうために，相談した悩みの内容と相談した時期について尋ねられた。悩みの内容については,「一番最近相談したことは，どのような悩みですか？ あてはまる数字一つに○をつけて下さい。」と教示し，学校心理学の5領域（石隈，1999）を参考に作成された「勉強や成績など」「自分の性格など」「人間関係など」「進路など」「身体や健康など」「それ以外」の選択肢から択一回答が求められた。相談した時期については,「その悩みを相談したのはどのくらい前のことですか？ ○日，○週間，○ヶ月などで答えて下さい。」と教示し,「約___前」と書かれたスペースに記入するように求められた。なお，これらの項目は具体的な相談場面を想起するために用いられたものであり，分析には使用されなかった。

(3) 援助評価尺度

研究4で作成された援助評価尺度候補項目を用いた。その際，教示文として,「あなたがその悩みを相談したときのことをふりかえってみて下さい。あなたがその悩みを相談したときやその後で，次のことをどの程度思ったり考えたりしましたか？ あてはまる数字一つに○をつけて下さい。」という文章が用いられた。30項目であり，4件法（「1：あてはまらない」,「2：ややあてはまらない」,「3：ややあてはまる」,「4：あてはまる」）で回答が求められた。

【結果】

相談経験のある生徒は338名（男子115名，女子223名，平均年齢13.51±0.95歳）であった。全調査対象者のうちの相談経験者は53.31％であり，そのうち男子は34.02％，女子は65.98％であった。以降では，相談経験のある生徒のみ

が分析の対象とされた。

1．援助評価尺度の因子構造の検討

　援助評価尺度候補項目について因子分析を行った。その結果，固有値が1.00以上の因子が5因子抽出された。因子数を5から順次減らしてプロマックス回転（最尤法）を行った結果，解釈が最も妥当な4因子解を採用した。さらに，どの因子にも.35以上の負荷量をもたない項目や，2つ以上の因子に.35以上の負荷量がある項目は除外した。除外された項目は,「どんなことで悩んでいるのかはっきりした」,「自分の心にもやもやしたものが残った」,「悩みがあるときには自分が悩んでいることを認めようと思った」,「悩みの重さはそのままだった」,「悩みから逃げずに立ち向かおうと思った」,「悩んでいることをまずは自分でどうにかしようと思った」の6項目であった。因子分析の結果と因子間相関を Table 5-2-1 に示した。

　第1因子は「自分の味方をしてくれる人がいると思った」「自分のことを分かってくれる人がいると思った」などの項目に負荷量が高く,「他者からの支え」に分類された結果と同じ項目群から構成されていた。そこで，第1因子は他者から支えられていると知覚していることを表す項目群であると考え,「他者からの支えの知覚」と命名された。第2因子には,「どうすればいいかがはっきりした」「自分の気持ちの入れかえができた」などの項目に負荷量が高く，当初に「悩みの改善」に分類されていた項目の一部から構成されていた。これらの項目の内容から，悩みそのものだけでなく問題状況が改善されたという内容

が多く含まれていると解釈され,「問題状況の改善」と命名された。第3因子は,「ばかにされたと思った」「自分の意見が消されてしまった」などの項目に負荷量が高く,「悩みの悪化」と「自尊感情の傷つき」に分類されていた項目の一部から構成されていた。この因子は他者によって対処の方向性が示されているものの，具体的な対処に迷っているという内容であると解釈

第5章　援助評価尺度の開発　93

Table5-2-1　援助評価尺度の因子分析（最尤法・プロマックス回転, N=311）

項目			F1	F2	F3	F4	h^2	M	SD
他者からの支えの知覚 (α=.85)									
支え	8	自分の味方をしてくれる人がいると思った	.82	-.07	.03	-.03	.59	3.14	.94
支え	30	自分のことを分かってくれる人がいると思った	.79	-.10	-.18	.09	.57	3.14	1.01
支え	20	自分にはいい相談相手がいると思った	.74	-.05	-.17	.04	.57	3.13	1.04
支え	3	自分は一人じゃないんだと思った	.71	.16	.09	-.18	.34	3.09	1.03
支え	10	一人で悩まなくてもいいんだと思った	.62	.20	.01	-.06	.38	2.79	1.05
支え	7	自分と同じ悩みを持っている人もいると思った	.47	.05	.18	.04	.28	2.60	1.18
支え	27	悩むことはだれにでもあると思った	.41	.06	.02	.16	.56	3.29	.89
問題状況の改善 (α=.82)									
改善	1	どうすればいいかがはっきりした	-.13	.84	-.07	.02	.55	2.70	.98
改善	2	自分の気持ちの入れかえができた	-.02	.81	.02	-.12	.35	2.75	1.00
改善	25	悩んだときには自分はこうすればいいというやり方が分かった	.15	.56	-.04	.03	.49	2.59	1.01
改善	28	なぜうまくいかなかったのかが分かった	.09	.56	.12	.14	.49	2.43	1.05
改善	12	悩みが小さくなった	.22	.52	-.06	-.01	.43	2.78	1.02
改善	23	自分の考えとは違ういろいろな考えに気づいた	.18	.39	.12	.18	.50	2.68	.92
対処の混乱 (α=.80)									
傷つき	29	ばかにされたと思った	.07	.04	.70	-.07	.59	1.53	.86
悪化	16	自分の意見が消されてしまった	-.05	.09	.70	.05	.29	1.64	.93
傷つき	26	他の人の意見にふりまわされた	-.08	.11	.68	0.00	.38	1.68	.91
悪化	17	自分がどうすればいいか余計に分からなくなった	.12	-.31	.64	-.01	.34	1.83	.99
傷つき	11	うらぎられたと思った	-.03	.02	.59	-.05	.31	1.63	1.01
悪化	4	相談する前よりももっと悩んだ	-.03	-.22	.40	.10	.50	1.75	.93
他者への依存 (α=.72)									
傷つき	14	自分が他の人に頼りすぎていると思った	.01	-.03	-.10	.83	.43	2.26	1.05
傷つき	6	自分が甘えていると思った	-.07	.08	-.09	.69	.33	2.14	1.04
傷つき	22	自分が何もかも悪いと思った	-.15	.07	.16	.52	.40	2.08	.97
傷つき	21	自分にはできないことがたくさんあると思った	.15	-.03	.01	.45	.37	2.97	.93
傷つき	24	相談した相手に迷惑をかけたと思った	.19	-.04	.22	.37	.62	2.29	1.08

因子間相関				
F1	1.00	.56	-.31	.16
F2		1.00	-.35	.09
F3			1.00	.37
F4				1.00

注）項目作成段階で他者からの支えに分類されていた項目→支え，悩みの改善→改善，悩みの悪化→悪化，自尊感情の傷つき→傷つき
　項目7「自分と同じ悩みを持っている人もいると思った」はどの下位尺度にも含まれなかった。
　第1因子の「他者からの支えの知覚」の α 係数は，項目7を除く合計6項目による値を示した。

され,「対処の混乱」と命名された。第4因子は「自分が他の人に頼りすぎていると思った」「自分が甘えていると思った」などの項目に高い負荷量が示され,「自尊感情の傷つき」に分類された項目のうち,他者に依存することを含む項目群から構成されていたため,「他者への依存」と命名された。

なお,これら4つの因子間の相関のうち,「問題状況の改善」と「他者からの支えの知覚」の因子間相関は.56と最も高く,「対処の混乱」と「他者への依存」の因子間相関は.37と中程度であった。

2．援助評価尺度の信頼性の検討

援助評価尺度の信頼性を検討するために各下位尺度について Cronbach の α 係数を算出した。この信頼性の検討の過程で,「他者からの支えの知覚」の中で I-T 相関が低いために α 係数を引き下げる項目が1項目(「自分と同じ悩みを持っている人もいると思った」)発見されたため,その項目が除外され

Table5-2-2 援助評価尺度の

下位尺度		1年生男子 (n=26)	1年生女子 (n=57)	2年生男子 (n=43)
問題状況の改善	M	16.81	15.79	16.21
	SD	3.96	4.32	3.95
対処の混乱	M	10.62	10.19	11.23
	SD	4.58	4.11	4.37
他者からの支えの知覚	M	17.81	19.65	17.81
	SD	4.40	3.72	4.40
他者への依存	M	11.73	11.74	11.14
	SD	3.04	3.54	3.48

た。その結果,「他者からの支えの知覚」のα係数が.84から.85になった。この１項目を除外せずとも十分な信頼性を示していたと考えられるが,除外しても「他者からの支えの知覚」の下位尺度の項目内容に大きな偏りは生じず,内容的妥当性は保障されると判断したため,除外した。その他の３つの下位尺度ではα係数を引き下げる項目はなかったため,項目は除外されなかった。最終的に,「他者からの支えの知覚」６項目,「問題状況の改善」６項目,「対処の混乱」６項目,「他者への依存」５項目の合計23項目からなる援助評価尺度が構成された。α係数は第１因子から順に,α=.85,.82,.80,.72であり,いずれも十分な値が得られた。

３．援助評価の性差・学年差の検討

援助評価尺度得点の性差・学年差を検討するために,性別と学年を要因とし,「問題状況の改善」,「対処の混乱」,「他者からの支えの知覚」,「他者へ

平均値と分散分析結果

2年生女子 ($n=72$)	3年生男子 ($n=37$)	3年生女子 ($n=70$)	性差 F	学年差 F
15.76	16.03	15.63	1.36 n.s.	.24 n.s.
4.66	4.88	4.14		
9.81	9.14	9.53	1.01 n.s.	2.65 †
3.80	3.19	3.79		
18.88	16.95	19.19	9.61 **	.44 n.s.
4.75	5.30	4.55	男子＜女子	
12.11	10.76	12.19	3.54 †	.12 n.s.
3.61	3.41	3.50		

$**p<.01$, $†p<.10$

の依存」の各下位尺度得点を従属変数とする多変量分散分析を行った。その結果，交互作用について，Wilksのラムダは有意ではなかった（交互作用：Λ $(8, 592) = .98, n.s.$）。そこで，各従属変数において性別と学年のそれぞれを要因とする一要因の分散分析を個別に行った（Table 5-2-2）。

その結果，「他者からの支えの知覚」に性差が認められ（$F(1, 303) = 9.61$, $p<.01$），男子よりも女子のほうが「他者からの支えの知覚」を高く評価していることが明らかになった。また，「他者への依存」には性差の有意傾向が認められ（$F(1, 303) = 3.54, p<.10$），「対処の混乱」には学年差の有意傾向がみられた（$F(2, 302) = 2.65, p<.10$）。

【考察】

本研究の目的は，援助評価尺度を作成することであった。そこで，研究4で得られた援助評価尺度候補項目を因子分析し，その因子構造を検討し，また，Cronbachのα係数によって内的整合性が検討された。

援助評価尺度の因子分析の結果，研究4において想定された4つの因子が得られた。それらの4つの下位尺度のそれぞれのα係数は満足できる値であり，本尺度の内的整合性が確認された。また，研究4において分類された各項目と因子分析によって得られた因子内の項目とが「対処の混乱」を除く3つの因子すべてにおいて一致していた。「対処の混乱」に高く負荷した項目は，研究4で「悩みの悪化」に分類されていた項目と「自尊感情の傷つき」に分類されていた項目が3項目ずつであった。本尺度の下位尺度に関して，高木（1997）は援助に対する評価の側面として，問題解決の程度と自尊感情への影響の程度という側面があると提唱している。本尺度の「問題状況の改善」と「対処の混乱」は問題解決の程度と対応し，「他者からの支えの知覚」と「他者への依存」は自尊感情への影響の程度と対応すると考えられる。また，因子間相関より，ポジティブな評価同士とネガティブな評価同士は相互に関連していると考えられる。

援助評価尺度の因子構造は明らかになり，内容的妥当性は確認されたものの，本尺度のその他の妥当性は未だ検討されていない。したがって今後の研究では，本尺度が測定していると想定される，問題解決の程度と自尊心への影響の程度という観点から構成概念妥当性を検討する。

第3節　援助評価尺度の妥当性の検討

研究6，研究7では，①援助要請の定義にある「問題を解決する目的で行われる」という側面から自己効力感，②援助要請・被援助志向性研究の中で多く検討されている変数である自尊感情（例えば，水野他，2006），③援助の研究で多く用いられている知覚されたサポート，との関連を調べることで妥当性を支持する結果が得られるかどうかを検討する。

第1項　援助評価の因子的妥当性と自己効力感の関連【研究6】

【問題と目的】

援助評価尺度の因子的妥当性および援助評価尺度と自己効力感との関連を検討する。因子的妥当性に関しては，研究5と異なる中学生のデータを用いて確認的因子分析を行う。

自己効力感との関連について，自己効力感が高い生徒は問題に上手に対処できると考えられるため，問題解決のために援助要請行動を実行したとき，他者から問題解決のためのより良い援助を得ることができよう。よって，自己効力感は「問題状況の改善」と正，「対処の混乱」と負の相関関係にあると予想される。なお，田村・石隈（2006）は「状態・特性被援助志向性尺度」の妥当性を検討する際に，被援助志向性と他の変数の関連が性別によって異なることを考慮し，男女別に分析を行っている。本研究においても援助評価尺度と他の変数の関連が性別や学年によって異なる可能性を考慮し，性

別・学年別にも分析を行うこととする。

【方法】

調査対象者：関東の公立中学校2校に通う中学1～3年生1,067名（男子566名，女子495名，不明6名，平均年齢13.57±0.97歳）が対象とされた。

調査時期：2005年10月～11月に実施された。

調査方法：個別記入方式の質問紙を用いた。クラス担任教師に調査を依頼し，学活の時間等を用いて質問紙を配布してもらい，集団で調査を実施した。

調査内容：フェイスシートで学年，年齢，性別が尋ねられ，続いて以下の質問への回答が求められた。

(1)**中学入学後の相談経験の有無**

　中学校入学後に相談した経験の有無を，「あなたは中学校に入学してから今までの間に，悩みを親（保護者），先生，友だち，きょうだい，その他の人などに相談したことはありますか？　あてはまるほうに○をつけて下さい。」という質問によって尋ねられた。回答は，「はい」と「いいえ」のあてはまるほうに○をつけるように求められた。

(2)**具体的な相談場面の想起に関する質問**

　一番最近相談した場面を想起してもらうために，相談した悩みの内容と相談した時期について尋ねられた。悩みの内容については，「一番最近相談したことは，どのような悩みですか？　あてはまる数字一つに○をつけて下さい。」と教示し，学校心理学の5領域（石隈，1999）を参考に作成された「勉強や成績など」「自分の性格など」「人間関係など」「進路など」「身体や健康など」「それ以外」の選択肢から択一回答が求められた。相談した時期については，「その悩みを相談したのはどのくらい前のことですか？　○日，○週間，○ヶ月などで答えて下さい。」と教示し，「約＿＿前」と書かれたスペースに記入するように求められた。なお，これらの項目は具体的な相談場

面を想起するために用いられたものであり，分析には使用されなかった。

(3)援助評価尺度

援助評価尺度を用いた。教示文は，「あなたがその悩みを相談したときのことをふりかえってみて下さい。あなたがその悩みを相談したときやその後で，次のことをどの程度思ったり考えたりしましたか？あてはまる数字一つに○をつけて下さい。」であった。23項目であり，4件法（「1：あてはまらない」，「2：ややあてはまらない」，「3：ややあてはまる」，「4：あてはまる」）で回答が求められた。

(4)自己効力感尺度

嶋田（1998）による小中学生用セルフ・エフィカシー尺度が用いられた（12項目4件法）。

【結果】

相談経験のある生徒は578名（男子208名，女子370名，平均年齢13.71±0.95歳）であった。全調査対象者のうちの相談経験者は54.17％であり，そのうち男子は35.99％，女子は64.01％であった。以降では相談経験のある生徒のみが分析の対象とされた。

1．援助評価尺度の確認的因子分析

探索的因子分析で得られた因子構造と同一のモデルを仮定し，確認的因子分析を行った。具体的には，構成概念として「問題状況の改善」，「対処の混乱」，「他者からの支えの知覚」，「他者への依存」の4因子を仮定し，各項目は4つの因子のいずれか一つにのみ負荷し，測定誤差項（e）を有し，因子間相関を仮定したモデルであった。以降ではこのモデルを4因子斜交モデルと表記した。

4因子斜交モデルに含まれる項目と5％水準で有意であった影響指標（標準化解）を Table 5-3-1 に示した。確認的因子分析の結果，χ^2 は724.38，

Table5-3-1　4因子斜交モデルの各因子に含まれる項目と影響指標（標準化解）

項目	標準化解
因子Ⅰ：問題状況の改善	
自分の気持ちの入れかえができた	.74
悩みが小さくなった	.72
どうすればいいかがはっきりした	.71
悩んだときには自分はこうすればいいというやり方が分かった	.65
なぜうまくいかなかったのかが分かった	.57
自分の考えとは違ういろいろな考えに気づいた	.47
因子Ⅱ：対処の混乱	
自分の意見が消されてしまった	.74
自分がどうすればいいか余計に分からなくなった	.70
ばかにされたと思った	.69
他の人の意見にふりまわされた	.63
うらぎられたと思った	.56
相談する前よりももっと悩んだ	.51
因子Ⅲ：他者からの支えの知覚	
自分のことを分かってくれる人がいると思った	.74
自分にはいい相談相手がいると思った	.72
自分は一人じゃないんだと思った	.68
一人で悩まなくてもいいんだと思った	.68
自分の味方をしてくれる人がいると思った	.62
悩むことはだれにでもあると思った	.46
因子Ⅳ：他者への依存	
自分が他の人に頼りすぎていると思った	.65
自分が何もかも悪いと思った	.60
相談した相手に迷惑をかけたと思った	.59
自分が甘えていると思った	.55
自分にはできないことがたくさんあると思った	.52

Table5-3-2　援助評価尺度の4因子斜交モデルにおける因子間相関

	問題状況の改善	対処の混乱	他者からの支えの知覚	他者への依存
問題状況の改善	1.00	−.36	.68	.11
対処の混乱		1.00	−.40	.50
他者からの支えの知覚			1.00	.15
他者への依存				1.00

GFIは.89，AGFIは.86，CFIは.88，RMSEAは.06であった。RMSEAが.08を下回ったことから，4因子斜交モデルは適合度の点から非常に優れているとは言えないものの許容しうるモデルであることが示唆された。4つの因子の因子間相関を Table 5-3-2 に示した。

2．援助評価尺度と自己効力感の単相関係数

援助評価尺度の下位尺度ごとに Cronbach の α 係数を算出した。欠損値のなかった517名を分析の対象とした。その結果，「悩みの改善」が α=.81，「悩みの悪化」が α=.80，「他者からの支え」が α=.81，「他者への依存」が α=.72であり，いずれも十分な値が得られた。したがって，援助評価尺度の下位尺度と自己効力感尺度のそれぞれの合計得点を用いて男女ごとに単相関係数を算出した（Table 5-3-3）。本調査の学年別の分析では特に男子の人数が少なかったために考察を控えた。したがって，分析対象者全体の結果について述べる。分析の結果，自己効力感は「問題状況の改善」と正の相関関係にあり，「対処の混乱」と負の相関関係にあることが示された。

3．援助評価の性差・学年差の検討

援助評価尺度得点の性差・学年差を検討するために，性別と学年を要因とし，「問題状況の改善」，「対処の混乱」，「他者からの支えの知覚」，「他者への依存」の各下位尺度得点を従属変数とする多変量分散分析を行った。その

Table5-3-3 援助評価尺度の各下

	1年生			2年生	
	男子 $n=48$	女子 $n=93$	1年生全体 $n=141$	男子 $n=60$	女子 $n=108$
問題状況の改善	.40 **	.34 **	.37 **	.45 **	.26 **
対処の混乱	−.48 **	−.36 **	−.41 **	−.44 **	−.32 **
他者からの支えの知覚	.42 **	.24 *	.32 **	.16 n.s.	.32 **
他者への依存	−.27 †	−.29 **	−.28 **	−.45 **	.03 n.s.

Table5-3-4 援助評価尺度の

下位尺度		1年生男子 ($n=48$)	1年生女子 ($n=93$)	2年生男子 ($n=60$)
問題状況の改善	M	15.27	16.25	16.43
	SD	4.86	4.15	4.24
対処の混乱	M	11.23	10.03	9.70
	SD	4.76	3.93	3.74
他者からの支えの知覚	M	17.63	19.47	17.35
	SD	4.48	3.75	4.34
他者への依存	M	11.17	11.13	11.27
	SD	3.58	3.55	3.44

結果，交互作用について，Wilksのラムダは有意ではなかった（交互作用：Λ（8, 1016）=.98, n.s.）。そこで，各従属変数において性別と学年のそれぞれを要因とする一要因の分散分析を個別に行った（Table 5-3-4）。

その結果，「他者からの支えの知覚」に性差が認められ（$F(1, 516)=8.88$, $p<.01$），男子よりも女子のほうが「他者からの支えの知覚」を高く評価して

位尺度と自己効力感の単相関係数

2年生		3年生			全体		
2年生全体 $n=168$	男子 $n=75$	女子 $n=133$	3年生全体 $n=208$		男子 $n=183$	女子 $n=334$	全体 $N=517$
.33 **	.20 †	.31 **	.27 **		.35 **	.30 **	.32 **
−.36 **	−.32 **	−.37 **	−.35 **		−.41 **	−.34 **	−.36 **
.25 **	.34 **	.29 **	.30 **		.31 **	.29 **	.29 **
−.13 n.s.	−.13 n.s.	−.18 *	−.16 *		−.27 **	−.13 *	−.18 **

$**p<.01, *p<.05, †p<.10$

平均値と分散分析結果

2年生女子 ($n=108$)	3年生男子 ($n=75$)	3年生女子 ($n=133$)	性差 F	学年差 F
15.21	16.35	15.83	.43 n.s.	.29 n.s.
4.48	4.09	3.66		
9.41	10.00	9.83	2.36 n.s.	2.76 †
3.56	4.19	3.56		
18.56	18.32	18.76	8.88 **	1.01 n.s.
4.39	3.90	4.33	男子＜女子	
11.47	12.05	11.90	0.00 n.s.	2.65 †
3.50	2.92	3.30		

$**p<.01, †p<.10$

いることが明らかになった。また,「他者への依存」($F(2, 515)=2.65, p<.10$),「対処の混乱」には学年差の有意傾向がみられた ($F(2, 515)=2.76, p<.10$)。

【考察】

　援助評価尺度の因子的妥当性を探索的因子分析で得られた4つの構成概念が互いに関連している4因子斜交モデルについて検討した。その結果，4因子斜交モデルの適合度は，GFI は .89，AGFI は .86，CFI は .86といずれも .90に達しなかったものの高い値であった。また，RMSEA が .06であることから，非常に優れているとは言えないものの許容しうるモデルであると判断された。このモデルは，他の対象者のデータに探索的因子分析をした研究6の結果と合致するものである。したがって，援助評価尺度はある程度の因子的妥当性を有していると考えられる。

　採用されたモデルの適合度が非常によいとは言えない値であったことを考察する。GFI は観測変数の数に影響され，観測変数が多くなると適合が悪くなるという特徴を持ち，観測変数が30を超えると .90に達しにくいとされる（豊田，1998）。本研究で用いたモデルは，観測変数の数が23であり，30には満たないものの数が多かったことが，GFI が高くなかったことに影響していると考えられる。しかし，構成概念において最も重要な性質は内容的妥当性であり，適合度を高めるために項目を削ることは内容的妥当性の観点から望ましいことではない（飯塚，2003）。援助評価尺度は高木（1997）の理論的考察を参考に作成され，中学生を対象に実施された自由記述調査をもとに項目が作成された尺度であるため，高い内容的妥当性を有していると考えられる。また，本研究において，RMSEA は許容できる値であった。したがって，本尺度は高い内容的妥当性を有しながら，ある程度の因子的妥当性をも有すると考えられよう。

　援助評価尺度と自己効力感の関連について，援助評価尺度の「問題状況の改善」「対処の混乱」と自己効力感の関連は予測されたとおりであり，「問題状況の改善」と「対処の混乱」の妥当性を支持する結果であると考えられる。また，援助評価尺度の信頼性に関して，本研究の対象者から得られたCronbach の α 係数は，各下位尺度において $\alpha=.72\sim.81$ という値を示してい

た。このことから，援助評価尺度が十分な信頼性を有していることが研究6に続き再確認された。加えて，援助評価尺度の下位尺度の中で「他者からの支えの知覚」は研究6と同様に男子よりも女子の方が得点が高かった。

　本研究の課題を3点述べる。第1に，本研究では問題解決の程度の測度として，「ある結果を生み出すために必要な行動をどの程度うまく行うことができるかという個人の確信」と定義されるセルフ・エフィカシーの概念が用いられた（坂野・東條，1986）。なぜなら，実際に悩みが解決されることによって問題解決のための行動をうまく行う自信をもつことができると考えられるためであり，さらに，悩みを相談するという現象の中には自己効力感を高める源泉が含まれていると思われたためである。したがって，本研究では，実際にそのとき相談した悩みがどの程度解決されたかを直接検討してはいない。実際の悩みの解決の程度を測定し，援助評価尺度との関連をみることによって，より強固な関連が見出せるかもしれない。また，例えば学習面の悩みでは客観的な成績がどの程度改善されたかという視点も，中学生の学校適応をとらえる上では重要であろう。本研究は，個人の主観的な評定によるセルフ・エフィカシーとの関連が予想どおりに実証された点で有意義なものであると言える。しかし，今後はより客観的な問題解決の指標を用いて，援助に対する評価との関連を検討することが，援助評価という視点から学校での適応や折り合い（田上，1999）をよくするための心理教育的援助サービスを開発する上で不可欠である。

　第2に，援助に対する評価は，一つひとつの相談のエピソードによって左右される部分と，個人内である程度一貫した傾向としてなされる部分があるかもしれない。つまり，援助評価は提供された援助によって規定されるとともに，個人の一貫した傾向によって規定される可能性がある。援助評価が提供される援助の内容以外の個人内要因によって影響を受けるものであれば，他者からの援助を否定的にとらえやすい生徒などが存在することが示唆される。そのような生徒に対しては，悩みを相談するという援助要請行動を促進

するよりも，むしろ自分で悩みに取り組み，自分に必要であると感じた援助に関してのみ他者に援助を要請するような援助要請のスキル教育が有効であるかもしれない。

第3に，本研究では一般性次元の自己効力感を扱ったため，本研究の結果は，自己効力感の高い生徒は援助評価がよいということを示しているとも考えられる。つまり，自己効力感の高い生徒は援助をうまく活用しているという可能性である。悩みを相談することによって自己効力感が変化しうることをより強く主張するためには，自己効力感を統制した縦断調査が必要である。

第2項　援助評価と自尊感情，知覚されたサポートの関連【研究7】

【問題と目的】

援助評価尺度と自尊感情，知覚されたサポートとの関連を調べる。まず，国内の研究では自尊感情が低いほど傷つくことを恐れて援助を求めないという「傷つきやすさ仮説」(Nadler, 1998)を部分的にでも支持する知見が多い（水野・石隈，2001；田村・石隈，2002；木村・水野，2004）。傷つきやすさ仮説に基づくと，自尊感情の低い人は援助を受けることで自尊感情が脅威にさらされる経験をすると考えられる。したがって自尊感情は「他者への依存」と負，「他者からの支えの知覚」と正の相関関係にあると予想される。次に，水野他（2006）は「ソーシャルサポートを受けるほど被援助志向性が高まり，よりサポートを受けやすくなる」という循環的な関連を指摘している。本研究の観点からは，サポートを受け，そのサポートをより良く評価することで今後の他者からのサポートの入手可能性（知覚されたサポート）が高まると考えられるため，知覚されたサポートは「問題状況の改善」と「他者からの支えの知覚」と正，「対処の混乱」と「他者への依存」と負の相関関係にあると予想される。

【方法】

調査対象者：関東の公立中学校2校に通う中学1～3年生482名（男子240名，女子242名，平均年齢13.37±0.98歳）が対象とされた。

調査時期：2005年10月～11月に実施された。

調査方法：個別記入方式の質問紙を用いた。クラス担任教師に調査を依頼し，学活の時間等を用いて質問紙を配布してもらい，集団で調査を実施した。

調査内容：フェイスシートで学年，年齢，性別が尋ねられ，続いて以下の質問への回答が求められた。

(1) 中学入学後の相談経験の有無

中学校入学後に相談した経験の有無を，「あなたは中学校に入学してから今までの間に，悩みを親（保護者），先生，友だち，きょうだい，その他の人などに相談したことはありますか？　あてはまるほうに○をつけて下さい。」という質問によって尋ねられた。回答は，「はい」と「いいえ」のあてはまるほうに○をつけるように求められた。

(2) 具体的な相談場面の想起に関する質問

一番最近相談した場面を想起してもらうために，相談した悩みの内容と相談した時期について尋ねられた。悩みの内容については，「一番最近相談したことは，どのような悩みですか？　あてはまる数字一つに○をつけて下さい。」と教示し，学校心理学の5領域（石隈, 1999）を参考に作成された「勉強や成績など」「自分の性格など」「人間関係など」「進路など」「身体や健康など」「それ以外」の選択肢から択一回答が求められた。相談した時期については，「その悩みを相談したのはどのくらい前のことですか？　○日，○週間，○ヶ月などで答えて下さい。」と教示し，「約____前」と書かれたスペースに記入するように求められた。なお，これらの項目は具体的な相談場面を想起するために用いられたものであり，分析には使用されなかった。

(3)援助評価尺度

援助評価尺度を用いた。教示文は,「あなたがその悩みを相談したときのことをふりかえってみて下さい。あなたがその悩みを相談したときやその後で,次のことをどの程度思ったり考えたりしましたか？ あてはまる数字一つに○をつけて下さい。」であった。23項目であり,4件法(「1：あてはまらない」,「2：ややあてはまらない」,「3：ややあてはまる」,「4：あてはまる」)で回答が求められた。

(4)自尊感情尺度

山本・松井・山成(1982)による自尊感情尺度が用いられた(10項目5件法)。

(5)知覚されたサポート尺度

嶋田(1998)による中学生用ソーシャルサポート尺度が用いられた。石隈・小野瀬(1997)を参考に中学生の悩みの相談相手として選択されやすい友人,家族(保護者),教師の3つのサポート源に対して5項目ずつ用いられた(計15項目4件法)。

【結果】

相談経験のある生徒は314名(男子125名,女子189名,平均年齢13.46±1.01歳)

Table5-3-5 援助評価尺度の各

	1年生			2年生	
	男子 $n=36$	女子 $n=49$	1年生全体 $n=85$	男子 $n=29$	女子 $n=54$
問題状況の改善	.16 $n.s.$	.34 *	.28 *	.14 $n.s.$	.19 $n.s.$
対処の混乱	-.15 $n.s.$	-.24 $n.s.$	-.22 *	-.34 $n.s.$	-.20 $n.s.$
他者からの支えの知覚	.30 †	.36 *	.30 **	.08 $n.s.$	0.00 $n.s.$
他者への依存	-.21 $n.s.$	-.42 **	-.35 **	-.70 **	-.60 **

であった。全調査対象者のうちの相談経験者は65.15%であり，そのうち男子は39.81%，女子は60.19%であった。以降では相談経験のある生徒のみが分析の対象とされた。

1．援助評価尺度と自尊感情・知覚されたサポートの単相関係数

援助評価尺度の下位尺度ごとに Cronbach の α 係数を算出した。欠損値のなかった277名を分析の対象とした。その結果,「問題状況の改善」が α=.78,「対処の混乱」が α=.78,「他者からの支えの知覚」が α=.86,「他者への依存」が α=.78であり，いずれも十分な値が得られた。

援助評価尺度の下位尺度と他尺度のそれぞれの合計得点を用いて単相関係数を算出した。なお，本研究では悩みの相談相手ごとの分析は行わないため，知覚されたサポートは各サポート源の得点を合算して全体のソーシャルサポート得点とした（Table 5-3-5，Table 5-3-6）。分析の結果，学年別の分析では人数が少なかったために考察を控えることとした。そのため，分析対象者全体の結果について述べる。自尊感情は「他者からの支えの知覚」との相関係数は低かったが,「他者への依存」との間に中程度の負の相関係数が得られた。知覚されたサポートは,「問題状況の改善」,「他者からの支えの知覚」と正の相関関係にあったが,「対処の混乱」との相関係数は低かっ

下位尺度と自尊感情の単相関係数

2年生	3年生				全体		
2年生全体 $n=83$	男子 $n=39$	女子 $n=70$	3年生全体 $n=109$		男子 $n=104$	女子 $n=173$	全体 $N=277$
.16 n.s.	.41 **	.11 n.s.	.18 n.s.		.23 *	.18 *	.21 **
−.24 *	−.42 **	−.39 **	−.40 **		−.31 **	−.29 **	−.30 **
.01 n.s.	.26 n.s.	.20 n.s.	.22 *		.24 *	.19 *	.19 **
−.63 **	−.48 **	−.63 **	−.60 **		−.44 **	−.56 **	−.52 **

$**p<.01, *p<.05, ^{+}p<.10$

Table5-3-6 援助評価尺度の各下位尺

	1年生			2年生	
	男子 *n*=38	女子 *n*=49	1年生全体 *n*=87	男子 *n*=27	女子 *n*=53
問題状況の改善	.18 *n.s.*	.39 **	.30 **	.53 **	.24 †
対処の混乱	.08 *n.s.*	−.21 *n.s.*	−.11 *n.s.*	−.25 *n.s.*	−.04 *n.s.*
他者からの支えの知覚	.41 *	.61 **	.48 **	.72 **	.40 **
他者への依存	.05 *n.s.*	−.08 *n.s.*	−.05 *n.s.*	−.07 *n.s.*	−.23 *n.s.*

Table5-3-7 援助評価尺度の

下位尺度		1年生男子 (*n*=36)	1年生女子 (*n*=49)	2年生男子 (*n*=29)
問題状況の改善	*M*	16.89	16.08	15.90
	SD	4.80	4.41	4.12
対処の混乱	*M*	9.11	9.71	9.83
	SD	4.08	3.99	3.50
他者からの支えの知覚	*M*	19.06	19.67	17.28
	SD	4.73	3.78	4.60
他者への依存	*M*	11.50	12.00	11.72
	SD	3.53	3.94	3.85

た。また，知覚されたサポートと「他者への依存」との間にはほとんど関連が見られなかった。まとめると，自尊感情は「他者への依存」と最も強く関連し，知覚されたサポートは「他者からの支えの知覚」との関連が比較的強かった。

度と知覚されたサポートの単相関係数

2年生		3年生			全体		
2年生全体 $n=80$	男子 $n=39$	女子 $n=69$	3年生全体 $n=108$		男子 $n=104$	女子 $n=171$	全体 $N=275$
.34 **	.55 **	.31 *	.37 **		.37 **	.31 **	.34 **
−.11 n.s.	−.38 *	−.38 **	−.38 **		−.19 *	−.23 **	−.22 **
.49 **	.67 **	.42 **	.51 **		.56 **	.47 **	.49 **
−.17 n.s.	−.45 **	−.16 n.s.	−.26 **		−.19 *	−.15 *	−.17 **

$**p<.01$, $*p<.05$, $†p<.10$

平均値と分散分析結果

2年生女子 ($n=54$)	3年生男子 ($n=39$)	3年生女子 ($n=70$)	性差 F	学年差 F
16.30	16.80	15.33	1.47 n.s.	.28 n.s.
3.91	4.06	4.14		
10.41	10.36	10.20	.50 n.s.	1.24 n.s.
4.11	3.30	3.89		
19.13	19.00	19.87	4.45 *	2.17 n.s.
4.00	4.17	4.26	男子＜女子	
12.61	12.54	12.23	.56 n.s.	.63 n.s.
4.16	3.32	3.86		

$*p<.05$

2．援助評価の性差・学年差の検討

　援助評価尺度得点の性差・学年差を検討するために，性別と学年を要因とし，「問題状況の改善」，「対処の混乱」，「他者からの支えの知覚」，「他者への依存」の各下位尺度得点を従属変数とする多変量分散分析を行った。その

結果,交互作用について,Wilksのラムダは有意ではなかった(交互作用:Λ$(8, 536)=.99, n.s.$)。そこで,各従属変数において性別と学年のそれぞれを要因とする一要因の分散分析を個別に行った(Table 5-3-7)。

その結果,「他者からの支えの知覚」に性差が認められ($F(1, 276)=4.45, p<.05$),男子よりも女子のほうが「他者からの支えの知覚」を高く評価していることが示された。

【考察】

援助評価尺度の「他者への依存」は知覚されたサポートとはほとんど関連が見られなかったが,単相関係数の符号は予測された通りであった。さらに,「他者への依存」と自尊感情との間には予想通りの関連が認められた。また,「他者からの支えの知覚」と自尊感情の関連は弱かったものの,単相関係数の符号は予測と一致していた。「他者からの支えの知覚」と知覚されたサポートとの関連は予想された通りであった。これらの結果から,「他者からの支えの知覚」と「他者への依存」には妥当性を支持する結果が得られたと言えよう。

また,援助評価尺度の信頼性に関して,本研究の対象者から得られたCronbachのα係数は,各下位尺度において$\alpha=.78\sim.86$という値を示していた。このことから,研究5,研究6に続き,援助評価尺度は十分な信頼性を有していることが再確認された。

本研究の課題について述べる。本研究においても,研究6と同じ点が課題として指摘される。それは,自尊感情の高い人は援助を有効に活用している可能性と,援助評価が個人内の傾向としてある程度説明されうる可能性である。前者に関しては,自尊感情を統制した縦断調査によって検討されよう。後者に関しては,研究6で述べたように,援助評価と個人内の特性や傾向との関連を検討することや,同一個人における異なる相談エピソード間での援助評価の関連の強さをみることによって検討することが望まれる。

第4節　第5章のまとめ

　第5章の目的は本研究の目的②と対応している。すなわち，中学生が他者に悩みを相談するという現象に注目し，援助要請行動後の適応に至る過程を検討する上で重要な概念であると考えられる他者から受けた援助に対する評価を測定する尺度（援助評価尺度）を開発し，信頼性と妥当性を検討することであった。

　研究4では中学生が悩みを相談したときの評価に関する実態を把握し，また，中学生が悩みを相談した後に実際に行なっている評価を抽出するために自由記述調査が実施された。その結果，悩みを相談したことで傷ついた，相談しなければよかったという経験をしたことのある中学3年生は少なくとも18.0％存在することが明らかになり，援助要請行動後の適応に至る過程において援助に対する評価という視点から適応を予測することの意義が改めて示された。また，悩みの改善，悩みの悪化，他者からの支え，自尊感情の傷つきの4因子から構成されると考えられる援助評価尺度候補項目が作成された。

　研究5では，研究4によって作成された援助評価尺度候補項目を用いて，援助評価尺度の因子構造が検討された。探索的因子分析の結果，同様の4因子構造を有する援助評価尺度が作成され，十分な内的整合性を有することが示された。因子名はそれぞれ「問題状況の改善」「対処の混乱」「他者からの支えの知覚」「他者への依存」と命名された。

　研究6，研究7では，援助評価尺度の妥当性が検討された。研究6では援助評価尺度の確認的因子分析が行われ，援助評価尺度はある程度の因子的妥当性を有していることが示された。また，研究6および研究7によって，「問題状況の改善」「対処の混乱」は問題解決の程度に関する評価を，「他者からの支えの知覚」「他者への依存」は自尊感情への影響の程度に関する評

価を測定することを支持する結果が得られた。

　第5章の研究では援助評価という新たな構成概念を検討したために男女別に分析を行ったが，ほとんどの変数間で男女ともに同様の関連が認められた。援助評価尺度の男女差に関しては，研究5，研究6，研究7において「他者からの支えの知覚」が男子よりも女子の得点の方が高いことが一貫して示された。したがって，男子よりも女子の方が援助を受けた後に他者に支えられていると知覚しやすいと言える。しかし，援助評価尺度と他の変数との間では男女の間に大きな違いは認められなかったため，今後の研究では男女を区別せずに分析することとする。

　最後に，課題を述べる。研究6，研究7では援助評価尺度のさまざまな妥当性が検討されたものの，援助評価尺度の弁別的妥当性は明確には示されていない。今後の研究として，援助評価，自己効力感，自尊感情を同一の対象者に実施し，自己効力感と自尊感情のそれぞれ一方を統制して偏相関係数を算出するという分析を行うことが考えられよう。

第6章 援助要請行動,援助評価が適応に与える影響

第6章では,援助評価が適応に与える影響について検討する。第1節では,過去の適応状態を統制した上で援助要請行動と援助評価が適応に与える影響を検討する。第2節では,援助要請時に受けた援助と援助評価のどちらがより適応と関連するのかを比較・検討する。第3節では,援助要請時に期待した援助と受けた援助の違いが援助評価と適応の関連に及ぼす影響について検討する。

第1節 援助要請行動,援助評価と適応の関連—縦断的検討—
【研究8】

【問題と目的】

援助要請行動が適応に与える影響に関する研究において,回顧法を用いた横断的研究からは,援助要請行動の実行された量は適応と何らかの関連があることが示されている (e.g. 水野・石隈・田村, 2003;研究1;研究2)。ところが縦断的な研究においては,援助要請行動の有無や実行された量は1ヶ月後(研究3),12週間後 (Rickwood, 1995),4〜5年後 (Lieberman & Mullan, 1978),6年後 (Trusty & Harris, 1999),20年後 (Millman, 2001) の適応状態に関連がないことが一貫して報告されている。このように,援助要請行動の実行された量のみでは適応状態を十分に予測することはできないと考えられる。

ところで,援助要請行動の後には様々な過程があり (高木, 1997),ときに人は他者の援助によって傷つくことさえある (e.g. Fisher, Nadler, & Whitcher-Alagna, 1982; Nadler & Fischer, 1986)。これらの指摘や先行研究の知見を踏ま

えると，援助要請行動が適応に与える影響を検討する際には，単に援助要請行動の実行された量のみではなく，提供された援助の内容や，援助を要請し，他者から援助を受けた後の過程などを含めることが有益であろう。そこで，本研究では過去の適応状態を統制した上で，援助要請行動の実行された量と援助評価の観点から中学生の援助要請行動が適応に与える影響を検討する。

なお，悩みの経験の多さは援助要請行動と適応の双方と関連することが示されている（研究1；研究2；研究3）。したがって，本研究では援助評価と適応の関連を検討する際に悩みの経験の多さを統制する。

以上より本研究では，中学生の悩みの経験，援助要請行動，援助評価が適応に与える影響について過去の適応状態を統制した上で検討することを目的とする。具体的には，中学生の悩みの経験が援助要請行動に影響を与え（研究1；研究2；研究3），援助を受けた後に評価が行われる（高木，1997）。そして，その援助評価が適応に影響すると考えられる。

【方法】

調査対象者：関東と北陸の公立中学校3校に通う中学生1,258名（男子656名，女子602名，平均年齢13.6±0.96歳）。なお，本研究の対象者は研究3と同一であった。

調査時期：Time 1 の調査を2005年10月下旬～11月上旬に実施し，Time 2 の調査を2005年11月下旬～12月中旬に実施した。いずれの調査対象者にも約1ヶ月の間隔を開けて調査が実施された。調査の間隔を1ヶ月とした理由は，①間隔を広くするほど学校行事やテストなどが調査期間に多く含まれることになり，それらが中学生の適応に与える影響を統制するのが困難であると考えられること，②援助要請行動後に提供された援助はソーシャルサポートの概念における実行されたサポート（Barrera, 1986）としてとらえることができ，実行されたサポートを測定する際には約1ヶ月間に実行された量を

尋ねているため（e.g. Barrera, Sandler, & Ramsay, 1981），悩みを相談した状況をかなり正確に想起できる期間として採用できると考えられたこと，であった。

実施方法：個別記入方式の質問紙を用いた。クラス担任教師に調査を依頼し，学活の時間等を用いて質問紙を配布してもらい，集団で調査を実施した。

調査内容：フェイスシートで学年，出席番号，年齢，性別が尋ねられ，続いて以下の質問への回答が求められた。質問紙のフェイスシートには上記の内容に加えて，質問すべてに対して拒否権があること，拒否しても不利益がないことを明記した。学級担任には調査の手続きを書いた資料を渡し，それに沿った説明をするように依頼した。具体的には，フェイスシートを読みあげること，質問紙回収後は生徒の見ている前で封筒に入れて厳封すると事前に説明することなどであった。なお，出席番号は Time 1 と Time 2 のデータの対応をとるためのみに用いられることを学校長に説明した。

Time 1：(1)ストレス反応

三浦他（1998）の中学生用ストレス反応尺度を用いた。本尺度は「不機嫌・怒り」「抑うつ・不安」「無気力」「身体的反応」の4つの下位尺度から構成され，それぞれ5項目ずつの計20項目であり，4件法（「1：まったくちがう」「2：少しそうだ」「3：まあそうだ」「4：その通りだ」）で回答が求められた。

(2)学校生活享受感

古市・玉木（1994）の学校生活享受感尺度を用いた。計10項目であり，5件法（「1：ぜんぜんあてはまらない」「2：あまりあてはまらない」「3：どちらともいえない」「4：だいたいあてはまる」「5：よくあてはまる」）であった。

Time 2：(1)悩みの経験

過去1ヶ月間に悩んだ経験を尋ねた。学習面，心理面，社会面，進路面，身体面の悩みに関して1項目ずつの計5項目であり，5件法（「1：全くあて

はまらない」,「2：少しあてはまる」,「3：ある程度あてはまる」,「4：かなりあてはまる」「5：非常によくあてはまる」）で回答が求められた。

(2)援助要請行動

　過去1ヶ月間の悩みを相談した量を尋ねるために，(1)の悩みの経験と同じ内容を用いて，そのような悩みをもったときに，親（保護者），教師，友人，スクールカウンセラー，その他の人などに相談した経験が合わせてどのくらいあるかを尋ねた。各領域の悩み1項目ずつの計5項目であり，5件法（「1：まったくない」,「2：少しある」,「3：何回かある」,「4：たくさんある」「5：非常にたくさんある」）であった。

(3)悩みの相談状況

　過去1ヶ月の間に悩みを相談した生徒のうち，最も深刻だった悩みを相談した時のことを思い出してもらい，①悩みの内容の領域と②相談相手について択一回答が求められた。選択肢は，悩みの内容の領域は石隈（1999）を参考に，「勉強や成績など」「自分の性格など」「人間関係など」「進路など」「身体や健康など」「それ以外」とされた。相談相手に関しては石隈（1999）の4種類のヘルパーを参考に，「親（保護者）・きょうだい・家族」（役割的ヘルパー），「学校の先生」（複合的ヘルパー），「親しい友だち・先輩後輩」（ボランティア的ヘルパー），「スクールカウンセラー・相談員」（専門的ヘルパー），「その他の人」とされた。

(4)援助評価

　援助評価尺度を用いた。(3)で挙げた相談場面について，「あなたがその悩みを相談したときのことをふりかえってみて下さい。あなたがその悩みを相談したときやその後で，次のことをどの程度思ったり考えたりしましたか？あてはまる数字一つに○をつけて下さい。」と教示し，回答を求めた。23項目であり4件法（「1：あてはまらない」,「2：ややあてはまらない」,「3：ややあてはまる」,「4：あてはまる」）で回答が求められた。

(5) ストレス反応

　Time 1 と同じ尺度が用いられた。

(6) 学校生活享受感

　Time 1 と同じ尺度が用いられた。

【結果】

　過去1ヶ月間に相談した経験がある生徒は333名（男子104名，女子229名，平均年齢13.70±1.01歳）であった。そのうち，分析に用いるすべての尺度項目に回答があった275名（男子82名，女子193名，平均年齢13.72±1.00歳）が分析対象とされた。分析対象者の悩みの内容と援助要請の相手を Table 6-1-1 に示した。

　分析を行うにあたり，援助評価尺度の下位尺度ごとに合計得点を算出し，下位尺度間の単相関係数を算出した。その結果，「問題状況の改善」と「他者からの支えの知覚」の間の相関が高く（$r=.61, p<.01$），分析を行う際に多重共線性が生じることが懸念された。そこで，「問題状況の改善」と「他者からの支えの知覚」の下位尺度得点を合計して「ポジティブ評価」とし，「対処の混乱」と「他者への依存」の下位尺度得点を合計して「ネガティブ評価」として以降の分析に用いることとした。

Table6-1-1　本研究の分析対象者における援助要請の特徴

悩みの内容	人数	援助要請の相手	人数
勉強や成績など	87	親（保護者）・きょうだい・家族	137
自分の性格など	9	学校の先生	28
人間関係など	113	親しい友だち・先輩後輩	98
進路など	48	スクールカウンセラー・相談員	2
身体や健康など	6	その他	2
その他	2	無効回答	8
無効回答	10		

以上より,分析に用いた各変数の記述統計量を Table 6-1-2 に示した。

1. 悩みの経験,援助要請行動,援助評価,学校適応の関連の検討

分析に用いた各下位尺度の合計得点間の単相関係数を Table 6-1-3 に示

Tsble6-1-2　分析に用いた各変数の記述統計量と α 係数 （N=275）

変数	α	M	SD
ストレス反応（Time1）			
不安・抑うつ	.88	10.24	4.39
不機嫌・怒り	.93	10.65	5.22
無気力	.80	10.56	3.93
身体的反応	.84	8.89	3.93
学校生活享受感（Time1）	.91	32.68	9.31
悩みの経験（Time1～Time2）	.70	14.49	4.28
援助要請行動（Time1～Time2）	.68	10.74	3.83
援助評価（Time1～Time2）			
ポジティブ評価	.88	34.69	7.66
ネガティブ評価	.83	21.12	6.47
ストレス反応（Time2）			
不安・抑うつ	.89	10.66	4.66
不機嫌・怒り	.94	10.16	5.25
無気力	.85	10.26	4.18
身体的反応	.85	8.80	4.00
学校生活享受感（Time2）	.92	32.37	9.85

した。その結果，援助評価とストレス反応，学校生活享受感の間にある程度の関連があることが確認された。

2．悩みの経験，援助要請行動，援助評価が学校適応に与える影響

Time 2 のストレス反応と学校生活享受感を基準変数とする階層的重回帰分析を行った。その際，ステップ1には共変量としてTime 1 のストレス反応と学校生活享受感がそれぞれ投入され，それ以降は因果優先（causal priority）にしたがい（Choen & Choen, 1975），ステップ2には悩みの経験が，ステップ3には援助要請行動が，ステップ4には援助評価であるポジティブ評価とネガティブ評価が投入された（Table 6-1-4）。

(1)悩みの経験が学校適応に与える影響

悩みの経験の多さは不安・抑うつ，不機嫌・怒りとの間に正の標準偏回帰係数があることが示された。この結果は悩みの経験が直接的には適応感を低めるという研究2，研究3，研究4の知見と合致する。本研究の結果から，中学生が悩みを抱えているときには特に不安や抑うつ，怒りとして表出されることが示唆される。

(2)援助要請行動が学校適応に与える影響

過去の適応状態，悩みの経験，援助評価を統制すると，援助要請行動の量はいずれの適応指標との間にも有意な標準偏回帰係数はみられなかった。援助要請行動が不安・抑うつや身体の健康と関連しないことは先行研究と一致している（Lieberman & Mullan, 1978; Millman, 2001; Rickwood, 1995）。加えて，本研究では援助要請行動は怒りや無気力とも関連せず，さらには学校生活享受感とも関連しないことが明らかになった。

(3)援助評価が学校適応に与える影響

援助評価のうちポジティブ評価は不機嫌・怒り，身体的反応との間に負の標準偏回帰係数が認められ，学校生活享受感との間に正の標準偏回帰係数がみられた。また，ネガティブ評価はすべてのストレス反応の下位尺度との間

Table6-1-3 分析に用いた各

		Time1					Time1〜Time2
		不安・抑うつ	不機嫌・怒り	無気力	身体的反応	学校生活享受感	悩みの経験
Time1	不安・抑うつ	1.00	.59 **	.53 **	.56 **	− .27 **	.46 **
	不機嫌・怒り		1.00	.39 **	.51 **	− .32 **	.37 **
	無気力			1.00	.53 **	− .28 **	.33 **
	身体的反応				1.00	− .29 **	.29 **
	学校生活享受感					1.00	− .14 *
Time1〜Time2	悩みの経験						1.00
	援助要請行動						
	ポジティブ評価						
	ネガティブ評価						
Time2	不安・抑うつ						
	不機嫌・怒り						
	無気力						
	身体的反応						
	学校生活享受感						

Table6-1-4 各適応指標（Time 2）を基準変数とする階層的重回帰分析による各

		不安・抑うつ（Time2）			不機嫌・怒り（Time2）		
		R^2	R^2の増加量	$β$	R^2	R^2の増加量	$β$
step1	各適応指標（Time1）	.41	.41 **	.46 **	.48	.48 **	.60**
step2	悩みの経験	.46	.05 **	.17 **	.50	.02 **	.13*
step3	援助要請行動	.46	0.00 n.s.	− .01 n.s.	.50	.01 n.s.	− .07 n.s.
step4	援助評価	.53	.07 **		.55	.05 **	
	ポジティブ評価			− .01 n.s.			− .12**
	ネガティブ評価			.29 **			.19**

変数間の単相関係数 （N=275）

	Time1~Time2			Time2				
	援助要請行動	ポジティブ評価	ネガティブ評価	不安・抑うつ	不機嫌・怒り	無気力	身体的反応	学校生活享受感
	.24 **	.04 n.s.	.36 **	.64 **	.45 **	.44 **	.47 **	-.17 **
	.15 *	0.00 n.s.	.31 **	.43 **	.70 **	.37 **	.47 **	-.29 **
	.13 *	-.09 n.s.	.40 **	.47 **	.39 **	.70 **	.48 **	-.26 **
	.15 *	-.10 n.s.	.29 **	.38 **	.40 **	.41 **	.76 **	-.20 **
	-.05 n.s.	.23 **	-.19 **	-.21 **	-.27 **	-.27 **	-.34 **	.76 **
	.49 **	.15 *	.40 **	.49 **	.37 **	.35 **	.36 **	-.17 **
	1.00	.31 **	.28 **	.27 **	.10 n.s.	.16 **	.23 **	-.03 n.s.
		1.00	.03 n.s.	.04 n.s.	-.12 *	-.11 n.s.	-.11 n.s.	.26 **
			1.00	.53 **	.41 **	.43 **	.38 **	-.24 **
				1.00	.58 **	.60 **	.54 **	-.31 **
					1.00	.52 **	.55 **	-.39 **
						1.00	.59 **	-.31 **
							1.00	-.32 **
								1.00

**p<.01, *p<.05

ステップにおける R^2 の増加量と step 4 での各説明変数の標準偏回帰係数 （N=275）

無気力 (Time2)			身体的反応 (Time2)			学校生活享受感 (Time2)		
R^2	R^2の増加量	β	R^2	R^2の増加量	β	R^2	R^2の増加量	β
.49	.49 **	.60 **	.58	.58 **	.68 **	.58	.58 **	.71 **
.51	.02 **	.09 n.s.	.60	.02 **	.08 n.s.	.58	0.00 n.s.	-.06 n.s.
.51	0.00 n.s.	.02 n.s.	.60	0.00 n.s.	.08 n.s.	.58	0.00 n.s.	.03 n.s.
.53	.02 **		.62	.02 **		.60	.02 **	
		-.08 n.s.			-.09 *			.10 *
		.14 **			.14 **			-.09 *

**p<.01, *p<.05

に正の標準偏回帰係数があり，学校生活享受感との間に負の標準偏回帰係数が確認された。さらに，説明変数に援助評価を投入することによってR^2が有意に増加することが明らかになった。これらの結果から，援助評価は援助要請行動後のストレス反応と学校生活享受感に対するある程度の予測力をもつと考えられる。

【考察】

本研究の目的は，中学生の悩みの経験，援助要請行動，援助評価がストレス反応と学校生活享受感に与える影響を1ヶ月前の適応状態を統制した上で検討することであった。

階層的重回帰分析の結果，Time 1のストレス反応と悩みの経験，援助要請行動を統制しても，援助評価の中のポジティブ評価（「問題状況の改善」と「他者からの支えの知覚」）は不機嫌・怒り，無気力，身体的反応との間に負の，学校生活享受感との間には正の標準偏回帰係数がみられること，ネガティブ評価（「対処の混乱」と「他者への依存」）はすべてのストレス反応との間に正の，学校生活享受感との間に負の標準偏回帰係数があることが示された。加えて，悩みの経験は不安・抑うつと不機嫌・怒りとの間に正の標準偏回帰係数が見られた。一方で，援助要請行動の実行された量はTime 1の適応状態，悩みの経験，援助評価を統制するといずれの適応指標との間にも有意な標準偏回帰係数は確認されなかった。

先行研究の知見より，悩みを相談した後に適応状態が向上するかどうかを議論する際に援助要請行動の実行された量のみを検討するのでは十分ではないと考えられた。そこで，本研究では援助要請行動の実行された量に加えて援助評価に焦点を当てて適応に与える影響を検討した。本研究の結果から，援助要請行動の実行された量は適応状態と関連が見られなかったものの，援助評価は適応状態と関連することが明らかになった。このことから，援助要請行動の実行された量よりも援助を要請して提供された援助に対する援助要

請者の援助評価の方が適応に与える影響が強いことが示された。

　さらに，ポジティブ評価（「問題状況の改善」と「他者からの支えの知覚」）とネガティブ評価（「対処の混乱」と「他者への依存」）はともにストレス反応の表出の程度と学校生活享受感の程度を予測することが示唆された。また，ポジティブ評価と学校適応との関連よりもネガティブ評価と学校適応との関連の方が強いことが認められた。Kendall（1992）は心理的な適応にはポジティブな認知を増加させるよりもネガティブな認知を減少させる方が有効であることを指摘している。本研究の結果はこの指摘と一致すると言えよう。

　本研究の限界と課題として以下の3点が挙げられる。第1に，本研究では過去1ヶ月の間に悩みを相談した経験のある中学生のみを分析の対象とした。2回の調査実施の時期を約1ヶ月の間隔としたことで中学生が悩みを相談した時の状況を正確に想起できると考えられた反面，調査対象者の中で分析対象者となる中学生が少なかった。そのため，男女別の分析や学年別の分析，悩みの内容，援助要請の相手ごとの分析を行わなかった。したがって，本研究で得られた知見はあくまで中学生の悩みの相談という現象を大きく一般化したものであるととらえる必要がある。今後はより多くの調査対象者を募った研究や，学校行事やテストなどを考慮した上での Time 1 と Time 2 の間隔を広げた研究が必要である。第2に，本研究では多重共線性が生じる可能性が高いと判断されたため，援助評価尺度の4つの下位尺度をそのまま分析には用いなかった。よって，4つの下位尺度のそれぞれが適応に与える影響については検討されていない。今後は必要に応じて援助評価尺度を改訂し，本研究と同様の方法による調査・分析を行うことで，援助評価の4つの下位概念ごとに適応に与える影響を詳細に検討することも有益であろう。第3に，本研究では援助要請行動が適応に与える影響について援助評価に焦点を当てて検討した。援助を要請した後には他者から援助が提供され，その援助を評価する過程があると指摘されており（高木，1997），本研究で検討した援助評価はその過程の一部としてとらえることができる。適応を議論する際

には援助評価の他にも，必要な援助が過不足なく得られるような援助要請行動の適切さなどを検討することも有益であろう。加えて，援助評価と適応の関連についてもさらに議論が求められる。例えば，援助を受けることに肯定的な生徒はよりポジティブな援助評価を行う可能性がある。このように考えると，援助評価尺度が生徒個人の適応的な側面をも同時に測定している可能性は否定できない。今後は生徒の被援助志向性などの心理特性を Time 1 の時点で測定し，分析に用いることで援助評価と適応の関連をより詳細に検討することが望まれる。

第2節　援助要請時に受けた援助と援助評価が適応に与える影響の比較検討【研究9】

【問題と目的】

　研究8より，援助要請行動と適応に関連がないとする先行研究の知見に対して，援助評価という概念を導入することによって，援助要請行動と適応の関連を明らかにすることができた。しかし，研究8では援助要請時に受けた援助については検討されていないため，実際に受けた援助と援助評価のどちらがより適応に影響を与えるのかは明らかではない。さらに，「受け手の必要性（ニーズ）と適合（match）するサポートこそが効果的であり，逆に，必要性と適合しないサポートは効果を持たなかったり，ときには逆効果であったりする」というソーシャルサポートの「マッチング・モデル」の考え方に基づけば（橋本, 2005），受けた援助と援助要請者の期待した援助が一致している程度という要因も適応に影響を与えるであろう。また，悩みそのものも適応を悪化させる（研究8）。このように，援助評価の他にも様々な要因が援助要請行動後の適応に影響を与える可能性がある。

　そこで本研究では，援助要請時に受けた援助と援助評価およびその他の要因が適応に与える影響を比較・検討することを目的とする。具体的には，中

学生の悩みの深刻さ，援助要請時に受けた援助，受けた援助と期待した援助の一致，援助評価と適応との関連を検討する。

【方法】

調査対象者：関東の公立中学校4校に通う中学生1,669名（1年生男子322名，女子283名，2年生男子272名，女子268名，3年生男子268名，女子252名，不明4名，平均年齢13.23±0.92歳）。

調査時期：2006年7月。

実施方法：個別記入方式の質問紙を用いた。クラス担任教師に調査を依頼し，学級活動の時間等を用いて質問紙を配布してもらい，集団で調査を実施した。

調査内容：フェイスシートで学年，年齢，性別が尋ねられ，続いて以下の質問への回答が求められた。質問紙のフェイスシートには上記の内容に加えて，質問すべてに対して拒否権があること，拒否しても不利益がないことを明記した。

(1)**中学入学後の相談経験の有無**

中学校入学後に，友人，先生，親（保護者），きょうだい，その他の人などに相談した経験の有無を尋ねた。2件法（はい／いいえ）で回答が求められ，「はい」と答えた生徒に(2)～(6)への回答が求められた。

(2)**悩みの相談状況**

一番最近相談した場面を想起してもらうために，以下の4つが尋ねられた。①悩みの内容：学校心理学の5領域（石隈，1999）を参考に作成され，「勉強や成績など」「自分の性格など」「人間関係など」「進路など」「身体や健康など」「それ以外」から択一回答が求められた。②相談相手：石隈(1999)の4種類のヘルパーを参考に，「親（保護者）・きょうだい・家族」（役割的ヘルパー），「学校の先生」（複合的ヘルパー），「親しい友だち・先輩後輩」（ボランティア的ヘルパー），「スクールカウンセラー・相談員」（専門的ヘル

パー),「その他の人」から択一回答が求められた。③悩みの深刻さ：「その悩みはあなたにとってどのくらい深刻な悩みでしたか？　あてはまる数字一つに○をつけて下さい。」という教示のもと,「1：深刻ではなかった」,「2：少し深刻だった」,「3：深刻だった」,「4：かなり深刻だった」,「5：非常に深刻だった」で回答が求められた。④相談した時期：「その悩みを相談したのはどのくらい前のことですか？　○日,○週間,○ヶ月などで答えて下さい。」と教示し,「約＿＿＿前」と書かれたスペースに記入するように求められた。

(3)援助要請時に受けた援助

既存の知覚されたサポート尺度（岡安・嶋田・坂野, 1993）, 実行されたサポート尺度（尾見, 2002）を参考に, House (1981) の指摘する4種類のサポートの観点から項目を作成した。項目作成後, 選択された項目と元の分類枠との関連が適切であり, かつ選択された項目群がそれぞれの分類を代表しているという視点から, 心理学の専門家1名, 現職の教員3名によって内容的妥当性が確認された。最終的に28項目が用いられた。「あなたがその悩みを相談した時, 相談相手はあなたに以下のようなことを, 実際にどのくらいしてくれましたか？　あてはまる数字一つに○をつけて下さい。」と教示し, 4件法（「1：まったくしてくれなかった」,「2：あまりしてくれなかった」,「3：ある程度してくれた」,「4：十分してくれた」）で回答が求められた。

(4)援助評価

援助評価尺度を用いた。「あなたがその悩みを相談したときのことをふりかえってみて下さい。あなたがその悩みを相談したときやその後で, 次のことをどの程度思ったり考えたりしましたか？　あてはまる数字一つに○をつけて下さい。」と教示し, 4件法（「1：あてはまらない」,「2：ややあてはまらない」,「3：ややあてはまる」,「4：あてはまる」）で回答が求められた。

(5)受けた援助と期待した援助の一致

「自分がしてほしかったことと同じことを相手にしてもらった」「相手がし

てくれたことは，多すぎも少なすぎもせず，ちょうどいい量だった」という2項目によって測定した。援助評価尺度と同じ教示文であり，4件法（「1：あてはまらない」，「2：ややあてはまらない」，「3：ややあてはまる」，「4：あてはまる」）で尋ねられた。

(6)学校適応

水野（2007）の学校心理学的適応感尺度が用いられた。本尺度は「心理・身体領域」「進路領域」「学習領域」「社会領域」の4下位尺度から外的な適応感を測定する尺度であった。

【結果】

中学校入学以降に相談した経験がある生徒は892名（1年生男子86名，女子157名，2年生男子102名，女子194名，3年生男子122名，女子229名，不明2名，平均年齢12.29±1.65歳）であった。

1. 援助要請時に受けた援助を測定する尺度の構成

援助要請時に受けた援助尺度について因子分析（最尤法・プロマックス回転）を行った。その結果，固有値が1.00以上の因子が3因子抽出されたが，いずれの因子の間の因子間相関も.70前後であり，非常に高いと判断し，因子数を3から順次減らした結果，1因子構造を採用した。Cronbachのα係数はα=.95であり，高い信頼性が確認された（Table 6-2-1）。

2. 悩みの深刻さ，援助要請時に受けた援助，受けた援助と期待した援助との一致，援助評価と適応との関連

中学生の悩んだ経験に関する尺度を作成した石隈・小野瀬（1997）の因子分析の結果では，学習と進路の悩みの項目は同一の因子に含まれており，学習と進路の悩みは中学生の体験として同様であると考察されている。また，本研究で使用した学校心理学的適応感尺度（水野，2007）では，心理領域と

Table6-2-1 援助要請時に受けた援助尺度因子分析（最尤法, N=844）

		項目	F1	M	SD
情緒	24	あなたが失敗したことを一生けんめいはげましてくれた	.76	2.96	.97
道具	17	あなたが失敗したことに対して，あなたと一緒に行動して，助けてくれた	.75	2.92	.96
評価	9	あなたなりに努力したところに気づいて，それを言ってくれた	.74	2.90	.92
評価	22	あなたのしていることでいいところを言ってくれた	.73	2.94	.93
情緒	20	あなたのことをとても大切にしてくれた	.72	3.35	.83
情緒	7	あなたに起こったうれしいことを自分のことのように喜んでくれた	.72	3.01	.93
評価	26	あなたがしたことをほめてくれた	.71	3.04	.93
情緒	27	あなたのことを心配して，声をかけてくれた	.71	3.21	.90
評価	12	あなたがしていることで前よりも良くなったところを指摘してくれた	.71	2.84	.90
情報	25	あなたができることを考えた上でのアドバイスをしてくれた	.70	3.14	.86
評価	5	あなたががんばっていることを指摘してくれた	.69	3.01	.86
情緒	4	あなたが経験したいやな思いについてなぐさめてくれた	.69	3.11	.91
道具	6	あなたが自分ひとりじゃできないことを手伝ってくれた	.69	3.15	.87
道具	3	あなたがどうしてよいか分からなくなったことを，手伝ってくれた	.68	3.15	.82
情緒	1	あなたが落ち込んでいると，元気づけてくれた	.66	3.29	.80
道具	13	あなたが悩んでいることを何とかするための機会（チャンス）を与えてくれた	.64	2.77	.95
情報	11	あなたが自分の悩みとうまくつきあうために，どうしたらよいか教えてくれた	.63	2.95	.89
道具	21	あなたの悩みを小さくするために，周囲の環境や状況を変えてくれた	.63	2.67	.97
情報	14	あなたの悩みに関わる周囲の状況について教えてくれた。	.62	2.86	.91
評価	18	あなたのしていることについて改善するよう言ってくれた	.61	2.99	.89
情報	8	あなたの悩んでいることがうまくいくためのやり方を教えてくれた	.61	3.07	.84
情報	19	あなたにとって役に立つ情報をくれた	.61	3.17	.88
道具	10	あなたが必要としている物や場所を貸してくれた	.59	2.76	.96
情報	23	あなたのしたことが今後どうなるかという見通しを説明してくれた	.59	2.77	.93
情緒	16	あなたが悩みや不満をぶちまけても，いやな顔をしないで聞いてくれた	.57	3.33	.85
道具	15	あなたの悩みを何とかするために，あなたの代わりに他の人に頼んでくれた	.56	2.38	.99
評価	28	あなたがしていることで直した方がよいところを言ってくれた	.55	3.05	.90
情報	2	あなたの悩みに対して，その人の意見を言ってくれた	.50	3.43	.70

注）項目前の「情報」「情緒」「道具」「評価」はHouse（1981）のサポートの分類に基づいた項目作成時の分類を示した（例：「情報」→「情報的サポート」）。

身体領域の適応感は同一の因子として構成されている。そこで本研究では，学習・進路領域の悩みを相談した生徒と心理・社会・身体領域の悩みを相談した生徒ごとにパス解析を行った。なお，学校適応との関連を検討するにあたり，過去1ヶ月以内に相談した経験のある生徒のみを分析対象とした。分析対象となった生徒の悩みの内容と援助要請相手の内訳を Table 6-2-2 に示した。

パス解析はすべて測定変数を用いて行った。第1水準に悩みの深刻さと受けた援助，援助の期待との一致（2項目の合計得点）とし，これらの間に共変関係を設定した。第2水準には援助評価の4つの下位尺度を配置し，これら4つの変数の誤差間に共分散を仮定した。第3水準には学校適応として，学習・進路領域の悩みの援助要請後のモデルでは学校心理学的適応感尺度の「学習領域」と「進路領域」の合計得点，心理・社会・身体領域の悩みの援助要請後のモデルでは「心理身体領域」と「社会領域」の合計得点を用いた。第1水準から第2，第3水準の各変数にパスを設定し，第2水準の各変

Table6-2-2 分析対象者の悩みの内容と援助要請相手の内訳

悩みの内容	援助要請相手						
	役割的ヘルパー	複合的ヘルパー	ボランティア的ヘルパー	専門的ヘルパー	その他	不明	合計
学習面：勉強や成績など	122	5	26	0	1	1	155
心理面：自分の性格など	3	3	9	0	0	0	15
社会面：人間関係など	77	23	184	4	0	3	291
進路面：進路など	50	7	17	0	0	2	76
健康面：身体や健康など	16	0	5	0	0	0	21
その他	7	1	6	0	1	0	15
不明	0	0	1	0	0	0	1
合計	275	39	248	4	2	6	574

注）援助要請相手の「役割的ヘルパー」は親（保護者）・きょうだい・家族，「複合的ヘルパー」は学校の先生，「ボランティア的ヘルパー」は親しい友だち・先輩後輩，「専門的ヘルパー」はスクールカウンセラー・相談員，である。

数から第3水準の変数にパスを設定した。モデルに含まれる変数の記述統計量と変数間の単相関係数を Table 6-2-3, Table 6-2-4 に示した。

(1) 学習・進路領域の悩みの援助要請後のモデルの分析

本モデルの分析対象者は, 中学生231名(1年生男子29名, 女子33名, 2年生男子27名, 女子35名, 3年生男子44名, 女子63名, 平均年齢13.47±0.91歳)であっ

Table6-2-3 学習・進路領域のモデルに含まれる変

	M	SD	悩みの深刻さ	受けた援助	援助の期待一致
悩みの深刻さ	2.48	1.12	1.00	-.13 *	-.17 *
受けた援助	82.15	15.58		1.00	.63 **
援助の期待一致	5.55	1.43			1.00
問題状況の改善	18.02	4.00			
他者からの支えの知覚	19.32	3.96			
対処の混乱	9.92	4.05			
他者への依存	12.34	3.37			
学習・進路適応感	23.83	4.68			

Table6-2-4 心理・社会・身体領域のモデルに含まれ

	M	SD	悩みの深刻さ	受けた援助	援助の期待一致
悩みの深刻さ	2.86	1.19	1.00	-.02 n.s.	-.06 n.s.
受けた援助	85.35	17.68		1.00	.62 **
援助の期待一致	5.64	1.58			1.00
問題状況の改善	18.07	4.02			
他者からの支えの知覚	20.43	4.10			
対処の混乱	10.26	4.22			
他者への依存	13.10	3.39			
心理・社会・身体適応感	30.20	5.00			

た。分析の結果,「悩みの深刻さ」から「対処の混乱」,「他者への依存」に正の標準偏回帰係数が認められた。また,「受けた援助」からは「問題状況の改善」,「他者からの支えの知覚」に正,「対処の混乱」に負の標準偏回帰係数が示された。「援助の期待との一致」は「問題状況の改善」,「他者からの支えの知覚」,「他者への依存」との間に正の標準偏回帰係数があることが

数の記述統計量と単相関係数 ($n=231$)

問題状況の改善	他者からの支えの知覚	対処の混乱	他者への依存	学習・進路適応感
$-.17$ *	$-.04$ n.s.	.17 **	.23 **	$-.06$ n.s.
.67 **	.69 **	$-.16$ *	.10 n.s.	.59 **
.61 **	.63 **	$-.03$ n.s.	.21 **	.56 **
1.00	.71 **	$-.22$ **	.17 **	.70 **
	1.00	$-.23$ **	.16 *	.60 **
		1.00	.41 **	$-.06$ n.s.
			1.00	.18 **
				1.00

** $p<.01$, * $p<.05$, † $p<.10$

る変数の記述統計量と単相関係数 ($n=327$)

問題状況の改善	他者からの支えの知覚	対処の混乱	他者への依存	心理・社会・身体適応感
$-.12$ *	$-.06$ n.s.	.21 **	.21 **	$-.37$ **
.65 **	.75 **	$-.26$ **	.12 *	.17 **
.62 **	.55 **	$-.16$ **	.17 **	.21 **
1.00	.67 **	$-.21$ **	.17 **	.31 **
	1.00	$-.35$ **	.10 n.s.	.27 **
		1.00	.27 **	$-.14$ *
			1.00	$-.17$ **
				1.00

** $p<.01$, * $p<.05$, † $p<.10$

明らかになった。「学習・進路領域の学校適応感」に対しては，援助評価の「問題状況の改善」から有意な正の標準偏回帰係数が認められた（Figure 6-2-1）。

(2) 心理・社会・身体領域の悩みの援助要請後のモデルの分析

本モデルの分析対象者は，中学生327名（1年生男子28名，女子83名，2年生男子29名，女子84名，3年生男子24名，女子79名，平均年齢13.24±0.92歳）であった。分析の結果，「悩みの深刻さ」から「対処の混乱」，「他者への依存」に正，「問題状況の改善」，「心理・社会・身体領域の学校適応感」に負の標準偏回帰係数が得られた。「受けた援助」からは「問題状況の改善」，「他者からの支えの知覚」に正，「対処の混乱」に負の標準偏回帰係数が認められた。「援助の期待との一致」からは「問題状況の改善」，「他者からの支えの知覚」，「他者への依存」に正の標準偏回帰係数があることが明らかになった。さらに，援助評価の「問題状況の改善」と「他者からの支えの知覚」は「心理・社会・身体領域の学校適応感」との間に正，「他者への依存」は負の

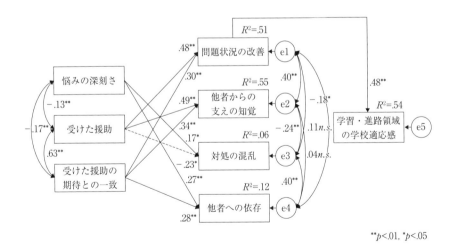

$**p<.01, *p<.05$

Figure6-2-1　学習・進路領域の悩みの援助要請後のモデル（n=231）
注）分析にはフルモデルを採用したが，表中には5％水準で有意なパスのみを表記した。

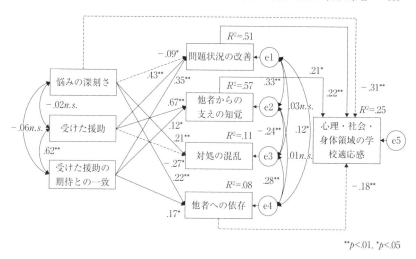

Figure6-2-2 心理・社会・身体領域の悩みの援助要請後のモデル (n=327)
注) 分析にはフルモデルを採用したが，表中には5％水準で有意なパスのみを表記した．

標準偏回帰係数があることが示された (Figure 6-2-2)．

【考察】

本研究の目的は，中学生の悩みの深刻さ，援助要請時に受けた援助，受けた援助と期待した援助の一致，援助評価と適応との関連を検討することであった．パス解析の結果，学習・進路領域で悩みを相談した生徒では，「受けた援助」と「受けた援助と期待との一致」が援助評価の「問題状況の改善」を介して「学習・進路領域の学校適応感」を高めるような間接効果が得られた．また，心理・社会・身体領域で悩みを相談した生徒では，「悩みの深刻さ」から「心理・社会・身体領域の学校適応感」への負の直接効果と，「他者への依存」を介して学校適応感を低めるような間接効果がみられた．さらに，「受けた援助」が「問題状況の改善」，「他者からの支えの知覚」を介して学校適応感を高めるような間接効果，「受けた援助と期待との一致」

が「他者への依存」を介して学校適応感を低めるような間接効果が確認された。

　学習・進路面のモデルに関して，悩みの深刻さと「対処の混乱」，「他者への依存」の関連について，悩みが深刻であるほど援助者の手に負えなくなり，良い援助ができなくなった結果，援助要請者も余計に対処方法に迷ったり，援助者の一生懸命に援助する姿勢がかえって援助要請者に「援助者に依存した」という評価をさせたりする可能性が考えられる。次に，援助要請時に受けた援助は援助評価の「問題状況の改善」，「他者からの支えの知覚」と正の関連を示し，「対処の混乱」とは負の関連を示していた。この結果は，本研究では援助要請時に受けた良い援助を測定する項目を用いたためであると考えられる。さらに，受けた援助と期待した援助が一致しているほど援助評価の「問題状況の改善」，「他者からの支えの知覚」を高めることは，「マッチング・モデル」の考え方（橋本，2005）を支持すると言える。しかし，期待と一致しているほど「他者への依存」も高められる可能性が示唆された。最後に，学習や進路の悩みを相談した生徒の「学習・進路領域の学校適応感」には，援助評価の「問題状況の改善」のみが関連していた。援助評価が適応と関連するという結果は研究8と一致している。本研究では「問題状況の改善」のみが学校適応と関連していた。

　心理・社会・身体面のモデルに関して考察する。まず，悩みの深刻さと援助評価の「対処の混乱」，「他者への依存」の関連については，学習・進路領域の悩みの援助要請後のモデルと同様に考えることができよう。加えて，悩みが深刻であるほど「問題状況の改善」を認識しづらい可能性が示唆された。次に，受けた援助と援助評価の関連，および援助の期待との一致と援助評価の関連は学習・進路領域の悩みの援助要請後のモデルと同様であり，学習・進路領域の悩みのモデルと同じように考察できよう。最後に，「心理・社会・身体領域の学校適応感」には悩みの深刻さ，「問題状況の改善」，「他者からの支えの知覚」，「他者への依存」が関連していた。悩み自体や援助評

価が適応と関連するという結果は先行研究と同様である（研究8）。

　研究8では援助評価は適応を促進することが示されている。しかし，援助要請時に受けた援助と援助評価のどちらが適応により影響を与えているのかは検討されていなかった。本研究の結果，援助要請時に受けた援助から学校適応感への直接的な影響は見られず，援助評価を仲介した間接効果のみが確認された。この結果は，援助要請時に受けた援助よりも援助評価の方が適応に直接影響を与えていることを示している。

　援助要請時に受けた援助のみでなく，悩みの深刻さや受けた援助と期待との一致という要因も援助評価を介して学校適応に影響を与えることが明らかになった。これらの結果からも，援助要請行動後の適応について議論する際には仲介要因としての援助評価を検討することが重要であると言えよう。このように，本研究で扱っているような日常的な援助が効果的であるかどうかは援助者の要因のみでなく，援助要請者による援助に対する評価の影響も考慮する必要があると言える。

　援助評価と適応の関連について，本研究では援助評価は学習・進路領域の学校適応感には「問題状況の改善」のみが影響し，心理・社会・身体領域の学校適応感には「問題状況の改善」，「他者からの支えの知覚」，「他者への依存」が関連していた。研究8で行われた縦断的な研究では，適応の指標の一つにストレス反応が用いられている。これは中学生の内的な適応を測定する尺度である。本研究で用いた学校心理学的適応感尺度は外的な適応を測定する尺度である。したがって，「問題状況の改善」と「他者からの支えの知覚」は内的・外的適応を促進し，「他者への依存」は内的・外的適応を阻害する可能性がある。

　本研究の限界と課題として以下の3点が挙げられる。第1に，本研究では回顧法による質問紙調査を行った。援助評価が適応に与える影響をより厳密に検討するためには，研究8にならい，縦断的な検討が求められる。第2に，本研究で用いた学習・進路領域の悩みの援助要請後のモデルに含まれる

対象者の多くは役割的ヘルパーに援助要請し，心理・社会・身体領域の悩みの援助要請後のモデルに含まれる対象者の多くはボランティア的ヘルパーに援助を求めていた。したがって，これらのモデルの分析の結果には援助要請相手の要因が影響している可能性がある。今後は援助要請の相手ごとに援助評価が適応に与える影響を検討する必要があろう。第3に，「受けた援助の期待との一致」が援助評価の「他者への依存」と正の関連を示す結果が2つのモデルの双方で見られた。この結果は，期待した援助を受けることによる不適応的な影響を示唆している。今後，援助評価の「他者への依存」に関してさらに詳細な議論が望まれる。

第3節　援助要請時に望んだ援助と受けた援助の違いが援助評価と適応の関連に及ぼす影響【研究10】

【問題と目的】

　研究9では，援助要請時に受けた援助は援助評価を介して間接的に適応と関連することが示された。さらに，受けた援助と援助要請者の期待した援助の一致の程度も援助評価に関連を与えることが明らかになった。そこで本研究では，援助要請時に受けた援助と援助評価および適応の関連についてより詳細に検討する。

　Nadler (1991) によれば，援助要請行動には援助資源の過剰な活用 (overutilization)，不十分な活用 (underutilization)，そして最適な活用 (optimal utilization) があり，過剰な活用と不十分な活用である援助要請は非効果的なコーピングであると指摘している。したがって，援助要請行動の結果，援助要請者が期待していた援助をどの程度得られるかによって，その後の適応に影響を与えたり，援助評価と適応の関連が異なったりすることが考えられる。

　そこで本研究では，援助要請時に望んだ援助と受けた援助によって対象者

を分類し，それぞれの状態にある中学生の悩みの経験，受けた援助，援助評価および適応の関連を検討することを目的とする。

【方法】

調査対象者：関東の公立中学校4校に通う中学生1,535名（1年生男子258名，女子225名，2年生男子300名，女子265名，3年生男子259名，女子222名，不明6名，平均年齢13.30±0.90歳）。

調査時期：2008年7月。

実施方法：個別記入方式の質問紙を用いた。クラス担任教師に調査を依頼し，学級活動の時間等を用いて質問紙を配布してもらい，集団で調査を実施した。

調査内容：フェイスシートで学年，年齢，性別が尋ねられ，続いて以下の質問への回答が求められた。質問紙のフェイスシートには上記の内容に加えて，質問すべてに対して拒否権があること，拒否しても不利益がないことを明記した。

(1) **悩みの経験**

過去1ヶ月間に悩んだ経験を尋ねた。学習面，心理面，社会面，進路面，身体面の悩みに関して1項目ずつの計5項目であり，5件法（「1：全くあてはまらない」，「2：少しあてはまる」，「3：ある程度あてはまる」，「4：かなりあてはまる」「5：非常によくあてはまる」）で回答が求められた。

(2) **過去1ヶ月間の相談経験の有無**

過去1ヶ月間に，友人，先生，親（保護者），きょうだい，その他の人などに相談した経験の有無を尋ねた。2件法（はい／いいえ）で回答が求められ，「はい」と答えた生徒に(3)～(8)への回答が求められた。

(3) **悩みの相談状況**

過去1ヶ月間に相談した場面の中で，一番深刻な悩みを相談したときを想起してもらうために，以下の2つが尋ねられた。①悩みの内容：学校心理学

の5領域（石隈，1999）を参考に作成され，「勉強や成績など」「自分の性格など」「人間関係など」「進路など」「身体や健康など」「それ以外」から択一回答が求められた。②相談相手：石隈（1999）の4種類のヘルパーを参考に，「親（保護者）・きょうだい・家族」（役割的ヘルパー），「学校の先生」（複合的ヘルパー），「親しい友だち・先輩後輩」（ボランティア的ヘルパー），「スクールカウンセラー・相談員」（専門的ヘルパー），「その他の人」から択一回答が求められた。

(4)援助要請時に望んだ援助

援助要請時に受けた援助尺度（研究9において作成された）から，項目数を考慮し，8項目が用いられた。「あなたがその悩みを相談した時，あなたは相談相手に以下のようなことを，どのくらいしてほしいと思いましたか？あてはまる数字一つに○をつけて下さい。」と教示し，4件法（「1：まったくしてほしくなかった」，「2：あまりしてほしくなかった」，「3：ある程度してほしかった」，「4：十分してほしかった」）で回答が求められた。

(5)援助要請時に受けた援助

(4)と同じ8項目が用いられた。「あなたがその悩みを相談した時，相談相手はあなたに以下のようなことを，実際にどのくらいしてくれましたか？あてはまる数字一つに○をつけて下さい。」と教示し，4件法（「1：まったくしてくれなかった」，「2：あまりしてくれなかった」，「3：ある程度してくれた」，「4：十分してくれた」）で回答が求められた。

(6)援助評価

援助評価尺度を用いた。「あなたがその悩みを相談したときのことをふりかえってみて下さい。あなたがその悩みを相談したときやその後で，次のことをどの程度思ったり考えたりしましたか？　あてはまる数字一つに○をつけて下さい。」と教示し，4件法（「1：あてはまらない」，「2：ややあてはまらない」，「3：ややあてはまる」，「4：あてはまる」）で回答が求められた。

第6章　援助要請行動，援助評価が適応に与える影響　141

(7)ストレス反応

　三浦他（1998）の中学生用ストレス反応尺度を用いた。本尺度は「不機嫌・怒り」「抑うつ・不安」「無気力」「身体的反応」の4つの下位尺度から構成され，それぞれ5項目ずつの計20項目であり，4件法（「1：まったくちがう」「2：少しそうだ」「3：まあそうだ」「4：その通りだ」）で回答が求められた。

(8)学校生活享受感

　古市・玉木（1994）の学校生活享受感尺度を用いた。計10項目であり，5件法（「1：ぜんぜんあてはまらない」「2：あまりあてはまらない」「3：どちらともいえない」「4：だいたいあてはまる」「5：よくあてはまる」）であった。

【結果】

　過去1ヶ月間に相談した経験がある生徒は460名（1年生男子45名，女子101名，2年生男子50名，女子120名，3年生男子48名，女子96名，平均年齢13.32±0.91歳）であった。

1．分析に用いる各尺度の構成

　各変数の記述統計量とα係数を Table 6-3-1 に示した。なお，本研究では援助評価を研究9と同じく「ポジティブ評価（「問題状況の改善」と「他者からの支えの知覚」の合計）」と「ネガティブ評価（「対処の混乱」と「他者への依存」の合計）」の2つとし，ストレス反応の4つの下位尺度を合計した「ストレス反応」を分析に用いた。

2．援助要請時に望んだ援助と受けた援助による対象者の分類

　「望んだ援助」得点と「受けた援助」得点を用いて分析対象者を3群に分類した。具体的には，「望んだ援助」得点と「受けた援助」得点の大小を比較し，「望んだ援助」得点が「受けた援助」得点よりも大きい群を期待した

Table6-3-1　各変数の記述統計量とα係数 (N=412)

変数	α	M	SD
悩みの経験	.75	14.85	4.53
望んだ援助	.87	24.54	4.71
受けた援助	.89	23.85	5.42
援助評価			
問題状況の改善	.80	17.28	3.80
他者からの支えの知覚	.88	19.09	4.20
対処の混乱	.86	10.97	4.64
他者への依存	.75	13.03	3.29
ストレス反応			
不安・抑うつ	.90	10.95	4.69
不機嫌・怒り	.93	10.53	5.15
無気力	.84	10.75	4.16
身体的反応	.85	9.55	4.25
学校生活享受感	.90	33.96	9.80

ほどの援助が得られなかった「援助過少群」,「望んだ援助」得点と「受けた援助」得点が等しい群を「適正群」,「望んだ援助」得点が「受けた援助」得点よりも小さい群を望んでいたよりも多くの援助を受けた「援助過剰群」とした。それぞれの群における分析対象者の悩みの内容と援助要請相手の内訳を Table 6-3-2, Table 6-3-3, Table 6-3-4 に示した。

第6章 援助要請行動，援助評価が適応に与える影響　143

Table6-3-2　援助過少群における分析対象者の悩みの内容と援助要請相手の内訳

悩みの内容	援助要請相手						
	役割的ヘルパー	複合的ヘルパー	ボランティア的ヘルパー	専門的ヘルパー	その他	不明	合計
学習面：勉強や成績など	22	1	6	0	2	1	32
心理面：自分の性格など	2	0	8	1	0	0	11
社会面：人間関係など	37	14	57	2	0	0	110
進路面：進路など	13	0	2	0	0	0	15
健康面：身体や健康など	6	1	2	0	0	0	9
その他	1	0	0	0	0	0	1
不明	0	0	0	0	0	0	0
合計	81	16	75	3	2	1	178

注）援助要請相手の「役割的ヘルパー」は親（保護者）・きょうだい・家族，「複合的ヘルパー」は学校の先生，「ボランティア的ヘルパー」は親しい友だち・先輩後輩，「専門的ヘルパー」はスクールカウンセラー・相談員，である。

Table6-3-3　適正群における分析対象者の悩みの内容と援助要請相手の内訳

悩みの内容	援助要請相手						
	役割的ヘルパー	複合的ヘルパー	ボランティア的ヘルパー	専門的ヘルパー	その他	不明	合計
学習面：勉強や成績など	14	1	6	0	1	0	22
心理面：自分の性格など	3	0	1	0	0	0	4
社会面：人間関係など	18	4	24	0	0	0	46
進路面：進路など	1	1	0	0	0	0	2
健康面：身体や健康など	3	0	1	0	0	0	4
その他	1	0	1	0	0	0	2
不明	0	0	0	0	0	0	0
合計	40	6	33	0	1	0	80

注）援助要請相手の「役割的ヘルパー」は親（保護者）・きょうだい・家族，「複合的ヘルパー」は学校の先生，「ボランティア的ヘルパー」は親しい友だち・先輩後輩，「専門的ヘルパー」はスクールカウンセラー・相談員，である。

Table6-3-4 援助過剰群における分析対象者の悩みの内容と援助要請相手の内訳

悩みの内容	援助要請相手						
	役割的ヘルパー	複合的ヘルパー	ボランティア的ヘルパー	専門的ヘルパー	その他	不明	合計
学習面：勉強や成績など	26	2	5	0	2	2	37
心理面：自分の性格など	6	0	0	1	0	1	8
社会面：人間関係など	26	5	49	2	0	1	83
進路面：進路など	11	0	1	0	0	0	12
健康面：身体や健康など	9	0	1	0	0	0	10
その他	1	1	2	0	0	0	4
不明	0	0	0	0	0	0	0
合計	79	8	58	3	2	4	154

注）援助要請相手の「役割的ヘルパー」は親（保護者）・きょうだい・家族，「複合的ヘルパー」は学校の先生，「ボランティア的ヘルパー」は親しい友だち・先輩後輩，「専門的ヘルパー」はスクールカウンセラー・相談員，である。

3．援助過少群，適正群，援助過剰群ごとの悩みの経験，受けた援助，援助評価，適応の関連

　それぞれの群を母集団とする多母集団共分散構造分析を行った。分析はすべて測定変数を用いて行った。第1水準に悩みの経験と受けた援助を用いて，これらの間に共変関係を設定した。第2水準には援助評価の4つの下位尺度のうち，「問題状況の改善」と「他者からの支えの知覚」を合算した「ポジティブ評価」，「対処の混乱」と「他者への依存」を合計した「ネガティブ評価」を配置し，これら2つの変数の誤差間に共分散を仮定した。第3水準には学校適応として，学校生活享受感とストレス反応全体の合計得点を用いた。第1水準から第2，第3水準の各変数にパスを設定し，第2水準の各変数から第3水準の変数にパスを設定した。各モデルに含まれる変数の記述統計量と変数間の単相関係数を Table 6-3-5，Table 6-3-6，Table 6-3-7に示した。

第6章 援助要請行動，援助評価が適応に与える影響 145

Table6-3-5 援助過少群の分析モデルで用いられた各変数の記述統計量 (n=178)

	M	SD	悩みの経験	望んだ援助	受けた援助	ポジティブ評価	ネガティブ評価	ストレス反応	学校生活享受感
悩みの経験	15.16	4.54	1.00	.19 *	.09 n.s.	0.00 n.s.	.34 **	.45 **	-.13 †
望んだ援助	25.17	4.51		1.00	.61 **	.42 **	.22 **	.12 n.s.	.15 *
受けた援助	20.49	4.78			1.00	.58 **	.04 n.s.	-.06 n.s.	.35 **
ポジティブ評価	34.19	7.12				1.00	-.07 n.s.	-.22 **	.50 **
ネガティブ評価	24.37	6.38					1.00	.51 **	-.26 **
ストレス反応	43.78	15.59						1.00	-.47 **
学校生活享受感	32.67	9.53							1.00

**$p<.01$, *$p<.05$, † $p<.10$

Table6-3-6 適正群の分析モデルで用いられた各変数の記述統計量 (n=80)

	M	SD	悩みの経験	望んだ援助	受けた援助	ポジティブ評価	ネガティブ評価	ストレス反応	学校生活享受感
悩みの経験	14.73	4.44	1.00	.05 n.s.	.05 n.s.	.02 n.s.	.27 *	.13 n.s.	-.19 †
望んだ援助	25.53	4.82		1.00	1.00	.69 **	-.04 n.s.	-.18 n.s.	.32 **
受けた援助	25.53	4.82			1.00	.69 **	-.04 n.s.	-.18 n.s.	-.32 **
ポジティブ評価	37.99	7.30				1.00	-.10 n.s.	-.29 *	.39 **
ネガティブ評価	24.45	7.55					1.00	.23 *	-.29 *
ストレス反応	40.31	15.54						1.00	-.56 **
学校生活享受感	34.95	9.75							1.00

**$p<.01$, *$p<.05$, † $p<.10$

Table6-3-7 援助過剰群の分析モデルで用いられた各変数の記述統計量 (n=154)

	M	SD	悩みの経験	望んだ援助	受けた援助	ポジティブ評価	ネガティブ評価	ストレス反応	学校生活享受感
悩みの経験	14.55	4.56	1.00	.15 †	.12 n.s.	.01 n.s.	.25 **	.48 **	-.17 *
望んだ援助	23.29	4.66		1.00	.73 **	.45 **	0.00 n.s.	.01 n.s.	.33 **
受けた援助	26.85	4.09			1.00	.48 **	-.02 n.s.	-.07 n.s.	.26 **
ポジティブ評価	38.05	7.11				1.00	-.10 n.s.	-.19 n.s.	.36 **
ネガティブ評価	23.34	6.62					1.00	.25 **	-.23 **
ストレス反応	40.23	14.20						1.00	-.39 **
学校生活享受感	34.93	10.02							1.00

**$p<.01$, *$p<.05$, † $p<.10$

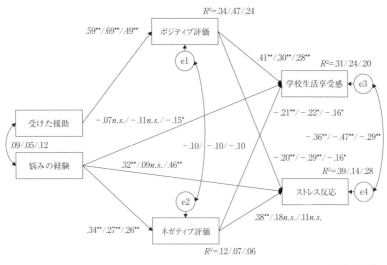

Figure6-3-1　援助過少群，適正群，援助過剰群の悩みの援助要請行動後のモデル
注）分析にはフルモデルを採用したが，表中には5％水準で有意なパスのみを表記した。
　　表中の数字は左から順に，援助過少群（n=178）／適正群（n=80）／援助過剰群（n=154）の結果である。

　分析の結果をFigure 6-3-1に示した。援助過少群，適正群，援助過剰群のいずれの群も受けた援助はポジティブな評価と正の関連を示し，ポジティブな評価は学校生活享受感と正，ストレス反応と負の関連があることが明らかになった。受けた援助から学校生活享受感とストレス反応への直接のパスは有意ではなかった。悩みの経験とネガティブ評価の間にはいずれの群においても正のパスがみられた。援助過少群ではネガティブ評価からストレス反応に正のパスが認められたものの，適正群と援助過剰群ではその関連は見られなかった。また，援助過少群と援助過剰群においては，悩みの経験とストレス反応の間に正のパスが確認されたが，適正群ではその関連は有意ではなかった。そして，悩みの経験と学校生活享受感の関連については，援助過少群と適正群では有意な関連は見られず，援助過剰群では正の関連がある

ことが示された。

【考察】

　本研究の目的は，援助要請時に望んだ援助と受けた援助によって対象者を分類し，それぞれの状態にある中学生の悩みの経験，受けた援助，援助評価および適応の関連を検討することであった。望んだ援助と受けた援助によって対象者を「援助過少群」「適正群」「援助過剰群」に分類し，多母集団共分散構造分析を行った。

　その結果，受けた援助がポジティブ評価と正の関連を示し，ポジティブ評価が学校生活享受感とストレス反応を向上させるという関連はいずれの群においても認められた。また，悩みの経験がネガティブ評価と正の関連を示し，ネガティブ評価が学校生活享受感と負の関連があるという結果も3群に共通していた。ポジティブ評価が学校生活享受感，ストレス反応と関連するという結果は研究8の知見と一致している。また，受けた援助がポジティブな評価との関連が強いことは，研究9と同様に受けた援助尺度の項目が良い援助を測定するものであることが影響していると考えられる。加えて，本研究では援助過少群，適正群，援助過剰群のいずれにおいても受けた援助がポジティブ評価を介して適応と正の関連を示していた。この結果から，中学生が悩みを相談した際にはその生徒の望んだ援助の程度に関わらず，援助を提供することで適応状態を改善できる可能性がある。

　次に，悩みの経験とネガティブ評価，適応の関連は群によって異なっていた。すなわち，援助過少群では悩みの経験がネガティブ評価を高め，ネガティブ評価がストレス反応を高めていることが示唆されたのに対し，適正群と援助過剰群では悩みの経験とネガティブ評価の間に正のパスが得られたものの，ネガティブ評価とストレス反応の間には有意な関連は見られなかった。このことは，援助要請時に望んだほどの援助が受けられないことでネガティブな援助評価が学校生活享受感を低めるにとどまらず，ストレス反応を

高めることを示唆している。稲葉（1998, Pp.167）はソーシャルサポートの効果に関する理論として「サポートへの期待が大きいほど，そのサポートの欠如は援助の受け手に心理的不満を生む」という「文脈モデル」を提唱している。この理論に基づけば，援助要請者が望んだほどの援助が得られないことは生徒にとっての不満となり，ストレス反応を高めることにつながると考えられる。しかし，前述したように受けた援助がポジティブな援助評価を介して適応と正の関連を示すことから，本研究では援助によるネガティブな側面に関してのみ，稲葉（1998）の「文脈モデル」が支持されたと言える。

　援助過剰群においては，悩みの経験が直接的に学校生活享受感を低めることが示された。このことから，援助を望んだよりも多く与えられた生徒は悩みの経験が多いほど学校生活享受感を低める可能性がある。

　また，援助過少群と援助過剰群は悩みの経験とストレス反応の間に正のパスが得られたものの，適正群ではその関連は有意ではなかった。このことは，援助要請者が望んだよりも少ない援助や望んだ以上の援助を与えられること，言い換えれば，援助を求めた結果，援助が過少あるいは過剰であったという文脈自体が悩みの経験とストレス反応の関連を強めることを意味する。これらの結果を総合すると，援助要請者が望んだ程度の援助が受けられることがストレス反応の悪化を防ぐという点で望ましいと言えよう。

　本研究の限界と課題として，ネガティブ評価がどのようになされるのかが明確ではないことが挙げられる。援助評価は援助を受けた後に行われるものであり，援助要請時に受けた援助や本研究で扱った悩みの経験や援助の過少・過剰といった文脈などを総合的に判断してなされる評価であると思われる。しかし，ネガティブな評価が適応感を低めることを考えると，ネガティブ評価を低めるような援助の提供の仕方を検討することが望まれる。今後は援助評価に影響を与える要因を詳細に検討することが必要である。

第4節　第6章のまとめ

　第6章の目的は本研究の目的③と対応している。つまり，中学生が悩みを他者に相談するという現象に注目し，援助要請行動が適応に与える影響について，援助評価という概念を用いて検討することであった。援助評価という概念を用いることで，第1部で指摘された先行研究の3つの問題点のうち，援助要請行動の有無や量のみを検討するのではなく，援助要請行動後の適応に至る過程をより詳細に検討する必要があるという指摘を解消することが試みられた。

　研究8では，過去の適応の状態と，悩みの経験，援助要請行動の量を統制した上で，援助評価が適応に与える影響が検討された。その結果，援助に対するポジティブな評価はストレス反応の不機嫌・怒り，無気力，身体的反応と負の関連があり，学校生活享受感と正の関連があること，さらに，ネガティブな評価はストレス反応の不安・抑うつ，不機嫌・怒り，無気力，身体的反応と正の関連があることが示された。また，援助要請行動の量はストレス反応の身体的反応のみを高める可能性が示唆されたものの，その他の適応指標との間には関連は認められなかった。

　研究9では，援助要請時に受けた援助と援助評価のどちらがより適応と関連するのかを明らかにすることを試みた。その結果，援助要請時に受けた援助から学校適応感への直接効果は見られず，援助評価を解する間接効果のみが確認された。このことは，受けた援助の内容よりも，その援助をどう評価したかという援助要請者自身の援助評価の方が適応に影響を与えることを意味する。

　研究10では，援助要請時に望んでいた援助と実際に得られた援助のバランスによって分析対象者を援助過少群，適正群，援助過剰群に分類し，それぞれの群ごとに受けた援助と援助評価，適応の関連を検討した。その結果，援

助を受け，ポジティブ評価が高まり適応が促進されるという流れはいずれの群でも確認されたが，援助過少群ではネガティブ評価がストレス反応を高めること，援助過剰群では悩みの経験が学校生活享受感を低めること，そして，適正群のみが悩みの経験とストレス反応との間に関連が見られず，援助過少群と援助過剰群は悩みの経験がストレス反応を高めること，が確認された。つまり，援助要請者が望んだ援助と実際に受けた援助のバランスが調整変数となり，援助評価と適応の関連に相違が見られた。

　以上より，悩みを相談したときやその後に悩みが改善し，他者から支えられていると知覚することで怒りが和らぎ，やる気が出てくるとともに，身体的な疲労が緩和すること，そして，学校生活を楽しいと感じるようになることが示唆される。また，悩みを相談したが悩みが悪化し，他者に依存したと感じることで不安や抑うつ，怒りの感情が強くなり，以前よりも無気力になり，身体的な疲労が高まることが示唆される。そして，援助者が援助する内容とともに，その援助が生徒にどのように評価されるかを意識すること，その上で援助要請者が望んでいた援助を過不足なく提供することが求められると言えよう。

　本章では援助要請行動後の適応に至る過程を検討する上で，援助評価という概念を用いることで将来の適応をある程度予測することが可能であることが示された。したがって，援助評価という概念の有用性が実証的に支持されたと言えよう。

第 3 部　総合的考察

第7章　総合的考察

　第7章では，本研究で得られた知見をまとめる。第1節では，本研究での目的とそれに対応した各研究での知見について整理する。第2節では，援助要請行動と学校適応の関連について，援助評価の視点を含めて総合的に考察する。第3節では，本研究の学問的貢献について論じる。第4節では，本研究で得られた知見をもとにした実践的貢献について述べる。第5節では本研究の限界と今後の課題について，検討すべき課題を挙げる。

第1節　本研究のまとめ

　本研究では中学生を対象とし，①援助要請行動と適応の関連を検討すること（先行研究の追試的検討），②援助要請行動後の適応に至る過程を詳細に検討するために，援助に対する評価を測定するのに有用な尺度を開発し，信頼性と妥当性を検討すること，③援助要請行動が適応に与える影響を，援助評価に焦点を当てて検討すること，の3つを目的として，10の質問紙調査による研究を行った。これらの研究を通して，「悩みを相談するとどんなことが起き，それは中学生にとってよいことなのか？」という「実践上の問い」に一つの答えを見出し，よりよい援助の求め方という視点から心理教育的援助サービスの開発とその実践の基礎となる知見を提供することを目指した研究であった。本節では，研究に先立って行われた文献展望から得られた知見と，実証的研究から得られた知見を整理する。

【援助要請と適応の関連についての先行研究の展望】
　援助要請と適応に関する研究が展望された。38件の文献を展望し，以下の

Table7-1-1　第2章（文献研究）のまとめ

研究	文献展望の観点	主な結果
第2章 （文献研究）	援助要請諸概念の整理	援助要請は，①過去に実際に相談した経験を尋ねる援助要請行動（help-seeking behavior），②今現在悩んでいると仮定したときに援助を求めたい程度である援助要請意図（help-seeking intention），③将来悩んだと仮定したときに援助を求めたい程度である援助要請意志（willingness to seek help），④援助を求めることに対するポジティブあるいはネガティブな態度である援助要請態度（help-seeking attitude），⑤援助要請意図，援助要請意志，援助要請態度を区別せずにとらえて測定する被援助志向性（help-seeking preference），に分類される。
	援助要請諸概念と適応の関連	援助要請に対してポジティブな態度や意図，意志を持つことは適応を高める可能性があり，援助要請行動と適応の間にも一部の研究では関連が認められる。
	援助要請行動が適応に与える長期的な効果	援助要請行動を独立変数，適応を従属変数とした縦断調査（調査期間は，3ヶ月〜20年）からは，援助要請行動と適応にほとんど関連がないことが一貫して示されている。

第2章（文献研究）で得られた成果		
第2章（文献研究）の目的	援助要請と適応の関連について，先行研究より示唆を得る。	
文献研究の成果	先行研究で検討されている援助要請の諸概念は5つに分類される。	
	先行研究からは，援助要請に対してポジティブな態度や意図，意志を持つことは適応を高める可能性があるものの，実際に援助を求める行動に移すことによって適応が向上することはそれほど望めないことが示されている。	
	先行研究からは，援助要請行動が適応に与える長期的な効果はほとんど見られない。	
文献研究より得られた今後の研究の課題と方向性	適応指標に内的適応が用いられることが多いため，外的適応も併せて検討する必要がある。	
	援助要請行動が適応的であるという知見のほとんどは回顧法による質問紙調査によって得られており，縦断的な研究によって因果関係を検討する必要がある。	
	援助要請行動の実行された量のみでなく，援助要請行動から適応に至る過程を詳細に検討する必要がある。	

知見が提供された。①測定方法から援助要請諸概念（援助要請態度，援助要請意図，援助要請意志，被援助志向性，援助要請行動）が整理された。②援助要請態度，援助要請意図，援助要請意志，被援助志向性は，それらが援助を求める方向に高いことは適応を高める可能性がある一方で，実際に行動に移すことによって（援助要請行動），適応が高まることはそれほど期待されない。③援助要請行動と適応に関する研究の課題として，援助を求めた経験の有無や援助要請行動の実行された量が変数として用いられており，援助要請行動から適応に至る過程が詳細に検討されていない。④援助要請行動と適応に関する研究の課題として，適応指標に内的適応が用いられる研究が多く，外的適応がほとんど検討されていない。

以上の知見を踏まえて，援助要請行動から適応に至る過程の変数として，他者から受けた援助と援助に対する評価（援助評価）という概念を用いて，援助要請行動と適応の関連を検討することとした。他者から受けた援助はソーシャルサポートの概念を用いた。援助評価は本研究において，「援助を提供されたときやその後に行われる，他者から提供された援助が自分自身に与えた影響に対する認知的評価」と定義された。また，援助要請行動と適応の関連を検討する際に，内的適応と外的適応の両方の指標を用いることで，援助要請行動と適応の関連を幅広く検討することとした（Table 7-1-1）。

目的①
【援助要請行動と適応の関連について，先行研究の追試的検討を行う】

Sullivan et al.（2002）は，青年期の援助要請行動には情報探索と対人関係の発展の2つの機能があると述べている。そこで研究1では，中学生の悩みの経験と援助要請行動が対人関係適応感に与える影響が検討された。対人関係適応感は外的適応を測定すると考えられる。その結果，中学生が家族，友人，教師に援助要請行動を実行することで，それぞれの相手との対人関係適応感が向上することが示唆された。この結果は，中学生が悩みを相談したと

きに，悩みそのものが解消することとは別に，援助を求めた相手との対人関係が良好になることを示唆している。

研究2では，内的適応の指標としてストレス反応と学校生活享受感を用いて悩みの経験と援助要請行動との関連が検討された。過去1ヶ月間の様子を想起して回答を求める回顧法による質問紙調査であった。その結果，援助要請行動と学校生活享受感の間には弱いながらも正の関連が認められたものの，ストレス反応との間にはほとんど関連が見られず，悩みの経験が各適応を低めることが明らかになった。

研究3では研究2と同じ変数を用いて，1ヶ月前の適応状態を統制した縦

Table7-1-2　本研究の目的①と対応した第4章（研究1～研究3）のまとめ

研究	適応指標	主な結果
研究1 （質問紙調査）	対人関係適応感	援助要請行動の多さと援助を求めた相手との対人関係適応感に正の関連がある。
研究2 （質問紙調査）	ストレス反応 学校生活享受感	援助要請行動の多さとストレス反応にはほとんど関連がない。 援助要請行動の多さと学校生活享受感には弱い正の関連がある。
研究3 （質問紙による縦断調査）	ストレス反応 学校生活享受感	1ヶ月前の適応状態を統制すると，援助要請行動の多さとストレス反応には関連がない。 1ヶ月前の適応状態を統制すると，援助要請行動の多さと学校生活享受感にはほとんど関連がない。
第4章の目的と研究1～研究3で得られた成果		
第4章の目的 （目的①）	援助要請行動と適応の関連を検討する（先行研究の追試的検討）。	
研究1～研究3 の成果	国内の中学生を対象とした検討においても，援助要請行動と内的適応（ストレス反応，学校生活享受感）にはほとんど関連がないという海外の先行研究の知見と一致する結果が得られた。 援助要請行動によって外的適応（対人関係適応感）が向上する可能性がある。この結果は青年期の援助要請行動には情報探索の機能と対人関係の発展の機能があるという Sullivan et al.（2002）の指摘を実証するものである。	
研究1～研究3 の課題	中学生の内的・外的適応の向上につながるような援助要請行動のあり方を検討する必要がある。	

断的検討がなされた。その結果，援助要請行動はストレス反応と学校生活享受感とほとんど関連しないことが明らかになった。この結果は援助要請行動と適応の関連を縦断的に検討したLieberman & Mullan（1978），Rickwood（1995）などの知見と一致している。つまり，国内の中学生を対象とした研究でも，海外の研究と一致する結果が得られた。

これらの研究結果をまとめると，以下のようになる。①援助要請行動の実行された量と内的適応の間にはほとんど関連が見られず，悩みの経験が適応を低める可能性がある。②援助要請行動の実行された量と外的適応には関連が認められる（しかし，縦断的な検討はなされていないために見かけの相関である可能性も否定できない）。これらの知見から，援助要請行動と適応の関連を検討するには，援助要請行動後の過程を考慮する必要性が改めて示された（Table 7-1-2）。

目的②
【援助に対する評価を測定するのに有用な尺度を開発する】

主に海外の先行研究および国内の中学生を対象として追試的に検討した研究1～研究3の知見を踏まえて，援助要請行動から適応に至る過程において適応により強く影響を与えると考えられた「援助に対する評価（援助評価）」という概念を導入し，援助評価を測定する尺度が開発された。援助評価は，「援助を提供されたときやその後に行われる，他者から提供された援助が自分自身に与えた影響に対する認知的評価」と定義された。

研究4ではまず，悩みを相談した経験があり，かつその出来事をより明確に想起できると思われた中学3年生を対象に援助評価に関する自由記述調査が実施された。その結果を高木（1997）を参考に分類し，「悩みの改善」「悩みの悪化」「他者からの支え」「自尊感情の傷つき」という4つの下位尺度が想定される30の援助評価尺度候補項目が作成された。

研究5では研究4で作成された30項目を用いて，中学生に実際に悩みを相

Table7-1-3 本研究の目的②と対応した第5章（研究4～研究7）のまとめ

研究	目的	主な結果
研究4 （自由記述調査）	尺度項目の作成	中学3年生への自由記述調査をもとに，「悩みの改善」「悩みの悪化」「他者からの支え」「自尊感情の傷つき」の4つの下位概念，計30項目の援助評価尺度候補項目が作成され，大学院生4名によって内容的妥当性が確認された。
研究5 （質問紙調査）	尺度の構成と信頼性の検討	因子分析の結果，「問題状況の改善」6項目，「対処の混乱」6項目，「他者からの支えの知覚」6項目，「他者への依存」5項目の計23項目からなる援助評価尺度が作成された。いずれの下位尺度も十分な内的整合性を有していた。
研究6 （質問紙調査）	妥当性の検討	問題解決の程度に関する評価であると考えられる「問題状況の改善」と「対処の混乱」について，「問題状況の改善」は自己効力感と正，「対処の混乱」は自己効力感と負の相関関係にあることが示された。
研究7 （質問紙調査）	妥当性の検討	自尊感情への影響の程度に関する評価であると考えられる「他者からの支えの知覚」と「他者への依存」に関して，「他者からの支えの知覚」は自尊感情と弱いながらも正の相関関係にあり，「他者への依存」は自尊感情と負の相関関係にあった。
		ポジティブな援助評価であると考えられる「問題状況の改善」と「他者からの支えの知覚」は知覚されたサポートと正の相関関係にあった。
		ネガティブな援助評価であると考えられる「対処の混乱」と「他者への依存」は知覚されたサポートと弱い負の相関関係にあった。
第5章の目的と研究4～研究7で得られた成果		
第5章の目的 （目的②）		援助要請行動後の適応に至る過程を検討するために，援助に対する評価（援助評価）を測定するのに有用な尺度を開発し，信頼性と妥当性を検討する。
研究4～ 研究7の成果		4つの下位尺度から構成される23項目4件法の援助評価尺度が開発された。
		援助評価尺度は十分な内的整合性を有しており，各下位尺度の妥当性を支持する結果が得られた。
		下位尺度得点の性差・学年差について，「他者からの支えの知覚」のみ，男子よりも女子の方が高いことが一貫して示された。
研究4～ 研究7の課題		援助評価尺度の下位尺度の弁別的妥当性が検討されていない。
		援助評価には，1つ1つの援助要請場面によって左右される状況的な部分と，個人のある程度一貫した「援助の受け取り方」としての特性的な部分の両方が存在する可能性がある。

談した経験を思い出してもらい，そのときの援助評価への回答を求めた。因子分析の結果，「問題状況の改善」「対処の混乱」「他者からの支えの知覚」「他者への依存」という4つの下位尺度，合計23項目から構成される援助評価尺度が作成された。

　研究6，研究7では援助評価尺度の妥当性が検討された。まず，研究6では援助評価尺度の確認的因子分析が行われ，ある程度の因子的妥当性が示された。次に，援助評価尺度の下位尺度の中で「問題状況の改善」と「対処の混乱」は問題解決の程度に関する評価であり，「他者からの支えの知覚」と「他者への依存」は自尊感情への影響の程度に関する評価であると想定された。そこで，研究6では援助評価と自己効力感の関連が検討された。その結果，自己効力感は「問題状況の改善」との間に正の相関係数が得られ，「対処の混乱」との間に負の相関係数があることが明らかになった。この結果は援助評価尺度の妥当性を支持する結果であると考えられた。研究7では，援助評価尺度と自尊感情，知覚されたサポートの関連が検討された。その結果，自尊感情は「他者への依存」との間に中程度の負の相関係数が得られ，知覚されたサポートは「問題状況の改善」と「他者からの支えの知覚」との間に正の相関関係が認められた。自尊感情，知覚されたサポートと援助評価の他の各下位尺度の関連はいずれも弱いながらも単相関係数の符合は予測と一致しており，研究8の結果も援助評価尺度の妥当性を支持する結果であったと考えられた（Table 7-1-3）。

目的③
【援助要請行動が適応に与える影響を，援助評価に焦点を当てて検討する】

　先行研究では援助要請行動の実行された量と適応指標の関連を検討していたのに対し，研究8～研究10では援助評価という概念を含めて援助要請行動と適応の関連を検討した。

　研究8では，悩みの経験，援助要請行動，援助評価と学校適応（ストレス

Table7-1-4 本研究の目的③と対応した第6章（研究8〜研究10）のまとめ

研究	適応指標	その他の変数	主な結果
研究8 （質問紙による縦断調査）	ストレス反応 学校生活享受感	悩みの経験 援助要請行動	ポジティブな援助評価（「問題状況の改善」と「他者からの支えの知覚」）は1ヶ月前の適応状態を統制してもストレス反応と弱いながらも負の関連を示し，学校生活享受感と弱い正の関連を示していた。
			ネガティブな援助評価（「対処の混乱」と「他者への依存」）は1ヶ月前の適応状態を統制してもストレス反応と正，学校生活享受感と弱い負の関連を示していた。
			悩みの経験は1ヶ月前の適応状態を統制するとストレス反応と弱い正の関連にあった。
			援助要請行動は1ヶ月前の適応状態を統制するとストレス反応，学校生活享受感と関連がなかった。
研究9 （質問紙調査）	学校心理学的適応感	悩みの深刻さ 受けた援助 受けた援助の期待との一致	援助要請時に受けた援助は直接的には適応には関連せず，援助評価を介して間接的に適応感と関連していた。
			学習・進路領域の悩みの援助要請の場合，援助評価の「問題状況の改善」のみが適応感と関連を示した。
			心理・社会・身体領域の悩みの援助要請の場合，援助評価の「問題状況の改善」と「他者からの支えの知覚」は適応感と正の関連にあり，「他者への依存」は適応感と負の関連にあることが明らかになった。
研究10 （質問紙調査）	ストレス反応 学校生活享受感	悩みの経験 望んだ援助 受けた援助	受けた援助はポジティブな援助評価と正の関連にあり，ポジティブな援助評価はストレス反応と負，学校生活享受感と正の関連を示していた。
			悩みの経験の多さはネガティブな援助評価と正の関連にあり，ネガティブな援助評価は学校生活享受感と負の関連にあった。
			援助が望んだよりも少ない場合，ネガティブな評価がストレス反応と正の関連を示していた。
			悩みの経験の多さはストレス反応と正の関連にあったが，援助が望んだ程度と一致する場合にはその関連はみられなくなった。
			援助が望んだよりも多い場合，悩みの経験と学校生活享受感の間に負の関連が認められた。
第6章の目的と研究8〜研究10で得られた成果			
第6章の目的 （目的③）	援助要請行動が適応に与える影響を，援助評価に焦点を当てて検討する。		
研究8〜研究10の成果	援助評価が内的適応，外的適応と関連することが示された。先行研究で援助要請行動と適応に関連がほとんどないという知見が得られていた理由の一つは，援助評価の影響が相殺されていたためであると考えられる。		
	援助要請時に受けた援助は援助評価を介して間接的に適応と関連しており，適応を議論する際の援助評価の重要性が明らかになった。		
	援助要請場面における背景要因（悩みの経験の多さ，悩みの深刻さ）が直接的に援助評価と適応に影響を与えていることが示された。		
	援助要請場面における文脈要因（悩みの領域，援助要請者の望んだ援助と受けた援助のバランス）がネガティブな援助評価と適応の関連および悩みの経験と適応の関連における調整変数になることが明らかになった。		
研究8〜研究10の課題	ネガティブな援助評価を規定する要因がほとんど明らかにされていない。		
	援助要請の相手との関係性が援助要請場面における文脈要因となる可能性が検討されていない。		

反応，学校生活享受感）の関連が検討された。その際に，1ヶ月前の適応状態を統制した縦断的な検討を行うことによって，より因果関係に迫った考察を行うこととした。その結果，1ヶ月前の適応状態を統制しても，ポジティブな援助評価（「問題状況の改善」と「他者からの支えの知覚」）は適応を促進すること，ネガティブな援助評価（「対処の混乱」と「他者への依存」）は適応を悪化させること，が実証された。なお，援助要請行動の実行された量は研究8においても適応との間に関連が見られなかった。このことより，援助要請行動と適応の関連を議論する際には，援助評価という概念を用いることが有用であることが示された。

　研究9，研究10では，援助要請行動後に実際に受けた援助の影響も加えて援助要請行動と学校適応の関連を検討した。まず，研究9では悩みの深刻さと受けた援助，受けた援助の期待との一致の程度，という変数を用いて援助評価と学校適応（学校心理学的適応感）の関連を検討した。その結果，受けた援助から学校適応への直接的な影響は見られず，援助評価を介して間接的に学校適応に影響を及ぼしていることが明らかになった。また，悩みの深刻さは「対処の混乱」と「他者への依存」という適応を悪化させる援助評価と正の関連を示し，受けた援助が期待と一致していることは「問題状況の改善」と「他者からの支えの知覚」という適応を促進する援助評価と正の関連にある一方で適応を悪化させる「他者への依存」という援助評価とも正の関連にあることが示された。これらの影響は，学習・進路領域の悩みを相談したモデルと心理・社会・身体領域の悩みを相談したモデルの両方で確認された。さらに，相談した悩みの領域によって援助評価と学校心理学的適応感の関連が異なることが明らかになった。

　研究10では，研究9で検討された受けた援助と期待との一致についてより詳細に検討した。具体的には，援助要請時に期待していた援助と実際に受けた援助のバランスに注目し，受けた援助が望んでいた援助より少なかったという「援助過少群」，両者の程度が一致していた「適正群」，望んだよりも多

くの援助を受けた「援助過剰群」の3群ごとに援助評価と学校適応（ストレス反応，学校生活享受感）の関連を検討した。その結果，3群ともに受けた援助がポジティブな援助評価（「問題状況の改善」と「他者からの支えの知覚」）と正の関連にあり，適応を促進するような関連が認められた。しかし，適応を低めるような関連の仕方に各群に違いが見られた。まず，悩みの経験がネガティブな評価（「対処の混乱」と「他者への依存」）と正の関連を示すこと，ネガティブな評価が学校生活享受感と負の関連にあることは3群に共通していたが，ネガティブな評価とストレス反応の間に正の関連が認められたのは援助過少群のみであり，他の2群は関連がなかった。次に，援助過剰群において悩みの経験と学校生活享受感の間に負の関連が認められ，他の2群では有意な関連は得られなかった。最後に，悩みの経験とストレス反応の関連について，援助過少群と援助過剰群では正の関連があったが，適正群だけはそれらの変数の間に有意な関連は認められなかった。まとめると，受けた援助が適応を促進する作用は望んだ援助と受けた援助のバランスに関係なく認められるが，援助を受けたことが適応を悪化させる作用に関しては望んだ援助よりも過少あるいは過剰な援助を受けることでより増強される可能性が示唆され，本研究のような日常的な援助の文脈においては援助要請者が望んだ程度の援助を提供することが望ましいと考えられた（Table 7-1-4）。

第2節　援助要請行動と学校適応に関する討論

　本研究から得られた知見を踏まえて，まずは援助要請行動と学校適応の関連を以下に示す4点から考察する。次に，本研究の「実践上の問い」に対する見解を示す。

第 7 章　総合的考察　163

【援助要請行動と学校適応の関連】

1．援助要請行動の実行された量と学校適応の関連

　援助要請行動の実行された量と学校適応に直接的な関連はほとんど見られない。これは海外の先行研究で実証されており，本研究によって我が国の中学生を対象としても同様の関連が認められた。しかし，援助要請行動の実行された量は対人関係適応感との間には一定の関連が認められた。このことは，援助要請行動は情報を探索するのみではなく対人関係を発展させる機能もあるという Sullivan et al. (2002) の指摘とも一致する。つまり，援助を要請することで援助要請者が抱えていた悩み自体への影響とは別に，援助を求めた相手との対人関係が良好になると言える。

　適応には様々な側面があるが，その中で学校生活においては対人関係の適応感が重要である（平田他，1999；本間，2000；粕谷・河村，2002）。現状として中学生の半数以上が悩んだときに他者に援助を求めているが援助を求めない生徒もある程度存在している（石隈・小野瀬，1997）。そのような生徒に悩んだときの対処法の一つとして援助要請行動を獲得させるような介入の有効性が本研究から示唆される。一方で，中学生は学習面，心理・社会面，進路面，健康面などの領域で悩みを持つため（石隈，1999），対人関係の適応感のみでなく，生徒の悩みに合わせて学業や進路，健康維持などのための援助を総合的に行うことが求められる。援助を求めることで悩みがどの程度整理・改善されるかは学校適応上重要であることから，ただ単に援助要請行動を促進するような援助サービスでは中学生の学校適応を向上させるという点では十分ではないと考えられる。

2．援助評価の有用性

　援助要請行動と学校適応の関連を明らかにする上で援助評価の視点が有用である。本研究で行われた縦断的な調査によって，1ヶ月前の適応状態を統

制しても援助評価は学校適応と関連することが明らかになった。先行研究では援助要請行動と適応にほとんど関連がないことが多く示されており，その理由を援助評価の視点から考えると以下のようになる。すなわち，従来の援助要請行動と適応に関する研究では援助要請行動の実行された量を変数として用いており，援助を要請した後の過程が考慮されていなかった。援助要請行動後の過程には援助評価という概念が想定できる。援助評価は援助を要請し，受けることによる影響をポジティブに評価する面とネガティブに評価する面があり，それぞれが適応の向上・悪化につながることが明らかにされている。したがって，従来の援助要請行動の実行された量を変数とした研究では，ポジティブな援助評価とネガティブな援助評価の影響が考慮されていないために相殺され，適応と関連がないという結果が得られていたと考えられる。援助評価を用いることによって得られた本研究の知見は援助要請行動と適応にほとんど関連がないとしていた先行研究と比べ，援助要請行動後の過程に想定される概念を導入し，援助要請行動と適応の関連を明らかにできたという点で非常に意義があると考えられる。

　さらに，援助要請時に受けた援助は援助評価を介して間接的に学校適応と関連していた。受けた援助は「相手が行った援助の種類や程度」を表すのに対し，援助評価は「援助を受けて，自分はどう思ったか」を表す。したがって，中学生の援助者は自分が行った援助や援助を受けたこと自体に対する生徒自身の受け止め方について援助評価の視点を参考にしてアセスメントする姿勢が求められる。加えて，援助評価は援助サービスに対する利用者の評価とも言うことができよう。その意味では本研究は援助サービスの利用者からの評価の研究としても貢献しうると考えられる。

3．援助要請行動と学校適応の関連における背景要因の重要性

　援助要請行動と学校適応の関連を検討するとき，悩みの経験や深刻さといった援助を要請する背景要因が援助評価や学校適応に直接的に影響を与え

る。したがって，援助要請行動と学校適応の関連を議論する際にはその背景となる悩みの経験や深刻さも同時に検討することが必要である。援助要請行動は悩みを抱えたときの対処方法の一つであるととらえれば，援助要請行動と学校適応に関する研究とは，「援助要請行動によってどれだけ学校適応が改善されるか」というよりも，「悩みを抱えた個人の適応状態が悪化することを援助要請行動によってどの程度食い止めることができるか」を明らかにする研究であるとも言える。

4．援助要請行動と学校適応の関連における文脈要因の重要性

背景要因と同じく，援助要請行動時の文脈要因もまた援助要請行動と学校適応の関連の調整変数となる。本研究では文脈要因として，悩みの領域と受けた援助と望んだ援助のバランスが検討された。これらの文脈要因は悩みの経験と学校適応の関連の仕方，および援助評価と学校適応の関連の仕方に影響する。

本研究の結果からは援助評価と学校適応の関連は一様ではなく，悩みの領域に関しては学習・進路領域の悩みで援助要請したときよりも心理・社会・身体領域の悩みで援助要請したときの方が援助評価と悩みの領域ごとの学校適応との関連はより顕著であった。また，望んだ援助と受けた援助のバランスという視点から検討した結果，望んだ援助と受けた援助のバランスに関係なく援助を受けることはポジティブな評価につながり，学校適応を向上させることが示唆された一方で，そのバランスによっては悩みの経験および援助要請行動を行うことによる適応を悪化させる作用があることが示された。そして，望んだ援助と受けた援助が釣り合っている場合には適応を悪化させる作用を最小限に抑えることができるという結果であった。このような文脈要因は今後さらに様々な側面から検討する余地があろう。

これらの本研究から得られた援助要請行動と学校適応の関連をモデルとして図示するとFigure 7-2-1のようになる。

166　第3部　総合的考察

【「実践上の問い」に対する本研究を踏まえた見解】

　本研究の問題意識である「実践上の問い」は,「悩みを相談するとどんなことが起き，それは中学生にとってよいことなのか？」というものである。本研究の知見を総合すると，上記の「実践上の問い」には次のように応えることができる。

　悩みを相談すると，他者から援助が提供され，その援助を援助要請者自身が評価する。その評価（援助評価）は悩みを相談した中学生の援助の受けとめ方ととらえることができる。援助要請者が行う評価は，①自分自身の問題状況が整理されたか（「問題状況の改善」），②悩みに対してどのように対処すべきか，その方法が他者によって与えられすぎたり与えられなかったりする

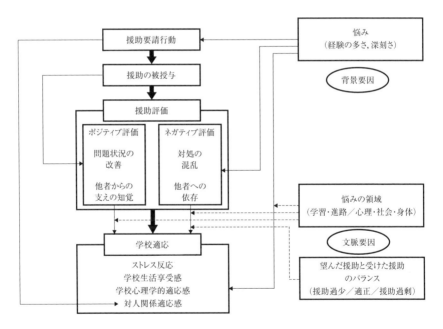

Figure7-2-1　援助要請行動と適応の関連のモデル

注）図中の太線矢印は概念間の理論的な時系列，実線矢印は各概念間に関連があること，点線矢印は実線矢印で示される変数間の関連における調整変数であることを示す。

ことで，対処方法の選択・決定に迷っているか（「対処の混乱」），③自分自身が有する援助的な人間関係を意識することができたか（「他者からの支えの知覚」）④援助を要請し，受けることで他者に頼りすぎたと思ったか（「他者への依存」），という4つの視点からなされる。

そして，「相談することはよいことなのか」という問いに対して学校適応の観点から応えると，援助評価によって学校適応は向上も悪化もする可能性がある。その援助評価には援助要請者が抱えている悩みの経験の多さや相談した悩みの深刻さも影響を与えており，相談した悩みの領域によって援助評価と学校適応の関連が異なる。よって，悩みを相談することが悩みへの対処として良いことであると一概には言えない。

悩みを相談することを良い結果に結びつけるためには，よりポジティブな援助評価がなされることと，援助要請者が望んだ程度の援助を過不足なく得ることが重要である。いずれにせよ，援助者が援助要請者の援助評価を意識しながら援助を提供する努力とともに，援助要請者自身が望んでいる援助を得られるように援助の要請の仕方を工夫することが望ましい。

第3節　本研究の学問的貢献

本研究の学問的貢献について，以下に述べる。

1．援助要請行動と適応の関連の詳細な検討

先行研究では援助要請行動と適応の間にほとんど関連が見られておらず，その理由の一つを援助要請行動から適応に至る過程が詳細に検討されていないことと考えた。そして，援助評価という概念を用いて検討した。それにより，援助要請行動と適応は関連がないのではなく，援助評価によって適応的にも不適応的にもなることが実証された。先行研究の結果を援助評価という視点から考察すると，援助評価が検討されていなかったために，ポジティブ

な援助評価とネガティブな援助評価の影響が相殺されて関連がないという結果が得られていたと考えられる。

2．援助評価尺度の開発と援助評価の有用性の実証

上述の援助要請行動と適応の関連を詳細に検討するにあたり，援助評価という概念を測定する尺度が開発された。そして，援助評価が適応を左右することが実証された。つまり，援助要請行動と適応の関連においては援助評価が鍵となる。そして，援助評価を測定するための信頼性と妥当性を兼ね備えた尺度が開発されたことにより，援助評価の概念は学問上も実践上も有用であると考えられる。

3．学校心理学的研究法の具現化

本研究は以下の3点において学校心理学的な研究方法の特徴をもつと考えられる。第1に，「実践上の問い」を心理学的な研究の問題意識としている点である。自分自身の学校現場での「実践上の問い」を心理学という学問の中に位置づけたところ，「実践上の問い」に明確に応えられる先行研究の知見は得られなかった。そこから本研究を行うに至り，最終的に前節において「実践上の問い」に対する見解を示している。つまり，本研究は「実践上の問い」を解決することを目指した研究である。

第2に，先行研究の知見の追試的検討を行った点である。援助要請行動と適応に関する研究はあったが，ほとんどが海外で行われた研究であった。しかし，実際の子どもは国や文化，時代によって異なると考えられるため，先行研究から得られている知見がそのまま利用できるかどうかを検討する必要があった。そこで，わが国の中学生を対象として先行研究を追試的に検討するという目的を設定した。このように目的を設定したのは，先行研究の知見を尊重しながらも実際の子どもは国や文化，時代によって変わることを意識しているためであった。援助対象者である一人ひとりの中学生を少しでも的

確にとらえようとする本研究の姿勢は実践を意識した学校心理学的な研究の特徴であると考えられる。

　第3に，最終的に得られた本研究の知見を総合し，実践に還元する方法を具体的に示している点である。具体的な方法は次節で述べるが，研究の知見を実践に還元することを見据えた研究を計画する点は学校心理学的な研究として意義深いと考えられる。

第4節　本研究の実践的貢献

　本研究は「悩みを相談するとどんなことが起き，それは中学生にとってよいことなのか？」という「実践上の問い」から出発した。第2節ではこの「実践上の問い」に対する見解を示した。本節では本研究の実践的貢献として，「学校適応の向上・悪化の予防につながる相談活動の方法」を述べる。なお，本研究が対象としている現象は中学生の多くが直面する悩みに対する援助要請行動であるため，主にすべての生徒を対象とした一次的援助サービスの方法と援助者が活用しうる方法を提案する。

【中学生を対象とした一次的援助サービス】
1．中学生が自分自身の悩みに気づけることへの支援

　本研究の結果から，悩みの経験と適応状態が関連することが明らかになった。具体的には，中学生が悩みを抱えているときには家族や友人との関係における適応感が低くなること（研究1），不安や抑うつ，怒りとして表出されること（研究8）である。したがって，家族や教師といった中学生の援助者は生徒が感じている周囲の他者との適応感の変化に注意を払い，適応感が低まったと思われる生徒は何らかの悩みを抱え始めた可能性があると心がける必要がある。さらに，中学生の中には悩んでいることを自覚することでスト

レスを感じている生徒もいれば，自身の悩みに気づかずに何となくストレスを感じている生徒もいるであろう。後者の生徒には自身の抱えている悩みに気づき，対処していくために，援助者は「これらのストレス反応の表出は悩みを抱えているときのサインになっていることもある」と情報提供することが有効であると考えられる。

2．援助要請行動を促進する援助サービスの効果と限界

　研究8からは，悩みの経験と援助評価を統制すると援助要請行動の実行された量は学校適応と関連がないことが明らかになった。援助要請行動の実行された量と適応との間にほとんど関連がないという結果は多くの先行研究からも得られている（例えば，Rickwood, 1995）。さらに，学校適応は援助評価の影響を受けることが明らかになった。したがって，生徒が必要なときに援助要請行動を実行できることはより多くの援助を得るためには大切であるが，学校適応を向上させるという点においては援助要請行動を多く実行するのみでなく，よりよい援助評価を行えることが重要であると言える。つまり，援助資源を活用することによって学校生活での苦戦を小さくするためには，「悩みを抱えた生徒が必要なときに援助要請行動を実行できるようにするための支援」と「援助者が援助評価などの生徒自身の援助のとらえ方を意識しながらよりよい援助を提供できるようになるための取り組み」の双方が必要である。

　「悩みを抱えた生徒が必要なときに援助要請行動を実行できるようにするための支援」としては，学校環境の整備や相談室の運営の工夫，援助要請・被援助志向性をテーマとした心理教育などが考えられる。研究1では援助要請行動が対人関係における適応感を高めることが示された。良好な対人関係を持っていることは学校生活において重要である（平田他，1999；本間，2000；粕谷・河村，2002）。その意味では援助要請行動を促進することは望ましいと言えよう。しかし，援助要請者の悩みそのものは必ずしも改善される

とは限らず，常にポジティブな援助評価がなされるわけではない。そのため，中学生の援助要請行動を促進する援助サービスを実施する際には，「援助要請の相手との人間関係は良好になるが，悩みそのものは改善されるとは限らない」ことを援助サービスの効果と限界として意識しておく必要がある。

後者の「援助者が援助評価などの生徒自身の援助のとらえ方を意識しながらよりよい援助を提供できるようになるための取り組み」については後述する。

3．援助評価尺度を活用した援助サービスの方法

生徒自身の援助要請・被援助志向性に関する自己理解の促進のための活用ができる。例えば，生徒自身が過去に悩みを相談した経験を振り返るために援助評価尺度に回答することで，相談することに対する生徒自身の価値観などの理解を深めることができよう。さらに，中学生を対象としたピア・カウンセリングの研修において相談・援助場面のロールプレイ実習を行い，その実習の評価として本尺度を用いることも可能である。具体的には，相談・援助場面のロールプレイ実習を行った後，相談・援助を受ける役割の生徒が本尺度に回答し，相談・援助をする役割の生徒のどのような態度や行動，発言が援助的であったかを話し合い，それらの議論を踏まえて再度ロールプレイ実習を行う，という実習方法が提案できる。このような実習を通して生徒のピア・カウンセラーとしての援助技術の向上を図るとともに，援助を受けたときの自分自身の体験を援助評価尺度に回答することで振り返ることもできる。このように援助評価尺度を用いることはピア・カウンセリングの研修の効果を高める上でも有益であろう。

4．日常的な援助の活用による不適応の予防プログラム

これまでの援助要請・被援助志向性に関する研究と本研究の知見を総合し

て，日常的な援助の活用による不適応の予防プログラムを提案する。総合や道徳の時間に教師やスクールカウンセラーが講師となり，1回50分，合計4回の授業を行うという形式を想定したプログラムである。本研究の中ではプログラムの効果を検討していないため，その効果の検討とプログラムを援助サービスとして洗練させることが今後の課題である。プログラムの概要をTable 7-4-1に示した。

(1)援助評価をテーマとした心理教育

最初に中学生が共通して悩みやすい内容を石隈・小野瀬（1997）を参考に

Table7-4-1　日常的な援助の活用による不適応予防プログラムの概要（案）

回	テーマ	方法	概要
1	悩んだときの対処方法としての援助要請とその効果を知る	援助評価に関する心理教育	中学生が共通して抱える悩みと，その対処として誰かに相談する生徒が多いこと（石隈・小野瀬，1997）を紹介する。しかし，悩みを相談してかえって傷ついたという経験をすることもある。相談した結果自分に起こることを，援助評価の概念を用いて講義する。
2	相手を傷つけない助け方を練習する	援助スキルの集団社会的スキルトレーニング	他者を助けるときには4種類のサポートがあることを学び，自分が普段どのサポートを提供することが多いかを振り返る。さらに，ロールプレイを行う中で相手が望んでいるサポートに気づき，それを提供する練習をする。ロールプレイでは実際に援助評価尺度に回答し，生徒同士でロールプレイの振り返りを丁寧に行う。
3	自分が傷つかない助けられ方を練習する	援助要請スキルの集団社会的スキルトレーニング	他者から自分が欲しい援助を得るためには，自分が欲している援助を的確に求めることが大切であることを学び，自分の援助要請スキルを振り返る。さらに，ワークシートとロールプレイを活用することによって援助要請スキルの獲得・向上を目指す。
4	まとめ・二次予防	心理教育	援助要請行動から適応に至る過程を復習し，上手に援助要請することの意義を再確認する。さらに，子ども・大人の別なく，いじめ被害や自殺といった深刻な悩みを抱える人ほど援助を求めない傾向にあることを伝え，日頃から他者に上手に援助要請していることが危機時に自分を助けることを理解する。

生徒に示し，生徒自身のプログラムへの動機づけを高めることをねらう。そして，生徒に援助評価尺度への回答を求めることで生徒自身が援助を受けた体験について理解を深める機会を提供する。次に，自分自身の援助評価が学校適応に影響を与えていること，ポジティブな援助評価（「問題状況の改善」と「他者からの支えの知覚」）よりもネガティブな援助評価（「対処の混乱」と「他者への依存」）の方が学校適応に与える影響が大きいこと，などの本研究から得られた知見を知識として教える。最後に，これらの内容を踏まえて良い援助とは何か，よい援助を受けるためにはどのように援助を求めたらよいか，という点について生徒同士で話し合う。

(2)援助スキルの集団社会的スキルトレーニング

援助を提供する人の立場からは，援助とは情緒的サポート，情報的サポート，道具的サポート，評価的サポートという4種類に分類される (House, 1981)。そこで，研究9で作成された援助要請時に受けた援助尺度を利用して，自分が悩みを相談されたときに行う援助や，自分が相談したときにして欲しい援助について回答し，中学生の援助者としての自己理解を深める。さらに，(1)でよい援助について話し合ったことを踏まえて，上手に援助を提供する練習をロールプレイ形式で行う。方法としては集団社会的スキルトレーニングが利用できる。

(3)援助要請スキルの社会的スキルトレーニング

研究10の知見も紹介しながら，悩みを相談すると望んでいたほどには援助が得られない場合や援助されすぎる場合もあること，これらはどちらも学校適応にはよくないことを知識として伝える。(2)でよい援助を提供するスキルを学習したことを振り返りながら，自分が望んでいる援助を的確に求めること（自分がして欲しいことを伝える，援助されすぎたときには断る，など）を援助要請スキルとして学習する。既存の援助要請スキル尺度（阿部・水野・石隈，2006；本田・新井・石隈，2007a, 2007b；岩瀧，2007；岩瀧・山崎，2008；佐藤，2005）を使用することが可能である。(2)と同様に集団社会的スキルトレーニ

(4) まとめと二次予防

これまでの内容を振り返り，援助要請行動から適応に至る過程をFigure 7-2-1を利用しながらまとめる。さらに，いじめ被害や自殺などの三次的援助サービスを必要とする状況に陥ったときほど人は援助を求めない傾向にあることを伝え，日頃から他者に上手に援助要請を行うことが危機時に自分を助けることを強調する。

このようなプログラムを学級や学年で行うことで，生徒は「友達に援助を求めたら真剣に考えてくれるだろう」などと思いやすくなり，被援助志向性が高まるとともに，実際のスキルトレーニングを通してよい援助を得るための援助要請スキルを学ぶと思われる。そして，生徒が他の生徒から援助を求められたときには援助評価を意識しつつ，援助を求めてきた生徒の立場に立った援助を提供することが期待される。

【中学生の援助者を対象とした援助サービス】

1．援助評価尺度を活用した援助サービスの方法

前述の「援助者が援助評価などの生徒自身の援助のとらえ方を意識しながらよりよい援助を提供できるようになるための取り組み」の例として，教員を対象とした教育相談などの研修，スクールカウンセラーの能力・資質の更なる向上などが挙げられる。また，教師やスクールカウンセラーなどの中学生の援助者自身が援助評価尺度を用いて自己点検する方法が提案できる。援助評価尺度の各下位尺度は中学生が他者からの援助をどのようにとらえているかを示していると考えられる。つまり，援助を受けたことで①悩みの解決方法が見つかり，その方法を実行する準備が出来たか（「問題状況の改善」），②対処方法が与えられすぎたり他者の意見で決められたりしたことで対処方法の選択や実行を迷っているか（「対処の混乱」），③自分自身が援助的な人間

関係を有していると認識しているか（「他者からの支えの知覚」），④他者に依存したという思いを抱いたか（「他者への依存」），である。したがって教師や保護者といった中学生の援助者は，自分の提供した援助が生徒にどのように評価されたかをこれら4つの視点から振り返り，生徒にとってより適切な援助方法を検討することが期待される。

2．援助要請場面の文脈を意識した援助の提供

(1)中学生が援助を求めた悩みの領域を意識した援助の提供

　研究9では中学生の悩みを学習・進路領域と心理・社会・身体領域に分けて分析を行った。その結果から，学習・進路領域の悩みを相談した生徒に対しては，援助要請者が期待している援助を提供し，生徒の問題状況を整理するように関わることが有効であると考えられる。生徒が「他者から支えられている」と認知することよりも「問題状況が改善した」と認知した方が学習・進路領域の適応感の向上につながるため，情緒的サポートのみでなく，現実場面での具体的な問題を乗り越えるための道具的サポートや情報的サポート，評価的サポートも多く用いると良いと思われる。しかし，そのような学習・進路領域の適応感を高める援助を行うことで生徒は「依存しすぎた・頼りすぎた」と思う可能性があり，このような援助評価は内的な適応を低めるため（研究8），この点に配慮しながら援助する姿勢が求められる。

　心理・社会・身体領域の悩みを相談した生徒は，悩みが深刻であるほど学校適応が低くなる可能性がある。それと同時に，援助を受けることによって問題状況が改善し，他者から情緒的に支えられていると認知することで適応感が高まると推察される。したがって，心理・社会・身体領域で悩みを抱えている生徒に対してはある程度積極的に援助する方が適応感の向上にとっては有効であると考えられる。

(2)中学生が望んでいる援助の質と量を意識した援助の提供

　研究10では中学生が援助要請時に望んでいた援助と実際に受けた援助のバ

ランスによって対象者を分類し，分析を行った。その結果からは，援助要請者が望んだ程度の援助を受けられることが適応の悪化を防ぐことにつながると言える。したがって，中学生に対しては援助を与えすぎないことも重要であると考えられる。そのためには，次の2つが重要である。一つは，援助者は援助を求めてきた生徒がどの程度の援助を求めているのかをアセスメントすることである。もう一つは既に述べたことと重なるが，援助を求める生徒自身がして欲しいことを分かりやすく相談相手に伝えるような援助要請のスキルや，援助を与えられすぎたときに断るためのアサーションスキルを獲得することである。

第5節　本研究の限界と今後の課題

本節では，本研究の限界と研究上の課題について述べる。

1．本研究から得られた知見の適用範囲

本研究は援助要請行動の中でも「悩みの相談」という現象を扱っている。その中でも中学生の日常的な悩みの相談であり，中学生の多くが直面する悩みを尋ねている。反対に，精神障害や発達障害，不登校など三次的援助ニーズがあると思われる生徒の悩みを直接的には扱っていない。したがって本研究の結果は中学生の日常的な悩みの相談という現象を大きく一般化したものとしてとらえる必要がある。

「悩みを相談すること」について考え，実践する際には個々の事例性を無視することはできない。例えば，実際に悩みを抱える中学生に対して個別の援助を行う際には，その生徒の家庭環境・家族関係，援助を行うまでの問題の経過や過去に同様の問題を抱えた歴史などを考慮することが求められる。本研究ではこれらの情報をデータとして扱っていないため，本研究の知見を実践に応用する際には個々の事例の特徴に対する注意が必要である。そこ

で，今後の研究では日常的な悩みであってもより重篤な悩みであっても，事例研究などの手法を用いて質的に援助要請行動と学校適応の関連を検討することも有益であろう。

2．援助評価の概念の更なる検討

　援助評価の概念に関する検討点として3点述べる。第1に，援助評価尺度の中には下位尺度間相関が高い尺度もあり，分析する際には4つの下位尺度のままではなく，「ポジティブ評価」と「ネガティブ評価」という2つに整理して用いた研究もある。今後はこれらの下位尺度の弁別的妥当性を明らかにすることで，援助評価尺度の4つの下位尺度それぞれの概念を明確にしていく必要がある。

　第2に，援助評価は受けた援助の影響も大きいが，それ以外の背景要因，文脈要因にも影響を受ける。特に本研究で作成して用いた援助要請時に受けた援助尺度は内容的に望ましい援助を測定する項目から構成されているため，援助評価の中でポジティブなものとの関連が強かったと思われる。今後の研究では，実際に悩みを相談したときに援助的でない対応がなされることを想定して望ましくない対応と援助評価の関連を検討することや，援助者が良かれと思って行ったことが援助要請者にはネガティブに評価されることなどを想定し，より相互作用に注目して検討することが望まれる。

　第3に，本研究で作成された援助評価尺度は中学生を対象とした自由記述調査などを基にして作成されたが，援助評価についてさらに検討するためには，質的な研究も併せて行うことが求められる。具体的には，中学生に面接調査を行い，悩みを相談したときの援助評価について半構造化面接を行う研究ができる。そのような質的研究を行うことで，本研究で開発された援助評価尺度の下位尺度に含まれない評価も発見されると考えられる。

3．援助評価を利用した援助サービスプログラムの実践

　前節で援助評価を利用した援助サービスをいくつか提案した。本研究は「実践上の問い」を解決することを目指す学校心理学的な研究であり，今後はこれらの援助サービスを実践し，よりよいものに改良していくことが望まれる。

引 用 文 献

阿部聡美・水野治久・石隈利紀 2006 中学生の言語的援助要請スキルと援助不安，被援助志向性の関連 大阪教育大学紀要第Ⅳ部門 教育科学, 54, 141-150.

相川 充 1989 第12章 援助行動（大坊郁夫・安藤清志・池田謙一（編）1990 社会心理学パースペクティブ1 個人から他者へ 誠信書房 291-311）.

Barker,L.A. & Adelman,H.S. 1994 Mental health and help-seeking among ethnic minority adolescents. *Journal of Adolescence, 17*, 251-263.

Barrera,M.Jr. 1986 Distinctions between social support concepts, measures, and models. *American Journal of Community Psychology, 14*, 413-445.

Barrera,M., Sandler,I.N., & Ramsay,T.B. 1981 Preliminary studies of a scale of social support: Studies on collage students. *American Journal of Community Psychology, 9*, 435-447.

Boldero,L. & Fallon,B. 1995 Adolescent help-seeking: what do they get help for and from whom? *Journal of Adolescence, 18*, 193-209.

Braet,C. & Mervielde,I. 1997 Psychological aspects of childhood obesity: a controlled study in a clinical and nonclinical sample. *Journal of PediatricPsychology, 22*, 59-71.

Burke,R.J. & Weir,T. 1977 Marital helping relationships: the moderators between stress and well-being. *Journal of Psychology, 95*, 121-130.

Burke,R.J. & Weir,T. 1978 Benefits to adolescents of informal helping relationships with their parents and peers. *PsychologicalReports, 42*, 1175-1184.

Calhoun L.G. & Selby,J.W. 1972 Help-seeking attitudes and severity of psychological distress. *Psychological Reports, 17*, 247-248.

Choen,J. & Choen,P. 1975 *Applied multiple regression/ correlation analysis for behavioral sciences*. New Jersey: Lawrence Erlbaum Associates.

Ciarrochi,J., Wilson,C.J., Deane,F.P., & Rickwood,D.J. 2003 Do difficulties with emotions inhibit help-seeking in adolescence? The role of age and emotional competence in predicting help-seeking intentions. *Counseling Psychology Quarterly, 16*, 103-120.

DePaulo,B.M. 1983 Perspectives on Help Seeking. In DePaulo,B.M.,Nadler,A., &

Fisher,J.D.（Eds.）, *New Directions in Helping Volume 2 help-seeking* New York: Academic Press.Pp. 3 -12.

Fischer,J.D., Nadler,A., & Whitcher-Alagna,S. 1982 Recipient reactions to aid. *Psychological Bulletin, 91*, 27-54.

古市裕一・玉木弘之 1994 学校生活の楽しさとその規定要因 岡山大学教育学部研究集録, *96*, 105-113.

Garland,A.F. & Zigler,E.F. 1994 Psychological correlates of help-seeking attitudes among children and adolescents. *American Journal of Orthopsychiatry, 64*, 586-593.

Goodman,S.H., Sewell,D.R., & Jampol,R.C. 1984 On going to the counselor: contributions of life stress and social supports to the decision to seek psychological counseling. *Journal of Counseling Psychology, 31*, 306-313.

半田一郎 2004 スクールカウンセラーによるカウンセリング 日本学校心理学会（編）学校心理学ハンドブック Pp.94-95.

橋本 剛 2005 ストレスと対人関係 ナカニシヤ出版

平田乃美・菅野純・小泉英二 1999 不登校中学生の学校環境認知の特性について カウンセリング研究, *32*, 124-133.

久田 満 2000 社会行動研究2―援助要請行動の研究 下山晴彦（編）臨床心理学研究の技法 福村出版 Pp.164-170.

本田真大・新井邦二郎・石隈利紀 2007a 中学生用援助要請スキル尺度の作成 日本教育心理学会第49回総会発表論文集, 722.

本田真大・新井邦二郎・石隈利紀 2007b 中学生の援助要請スキルと実行されたサポートの関連の検討 日本心理学会第71回大会発表論文集, 308.

本間友巳 2000 中学生の登校を巡る意識の変化と欠席や欠席願望を抑制する要因の分析教育心理学研究, *48*, 32-41.

House,J.S. 1981 *Work stress and social support*. Reading; Addison-Wesley.

飯田順子 2008 学校心理学に関する研究の動向と課題―援助サービスの統合に向けて―教育心理学年報, *47*, 137-147.

飯田順子・石隈利紀 2001 中学生の学校生活スキルが対人関係の適応に与える影響 日本心理学会第65回大会発表論文集, 668.

飯塚久哲 適合度と項目数 豊田秀樹（編著） 2003 共分散構造分析〈疑問偏〉構造方程式モデリング 朝倉書店 Pp.89.

稲葉昭英 1998 ソーシャルサポートの理論モデル 松井 豊・浦 光博 対人行動学研究シ

リーズ7 人を支える心の科学 誠信書房 Pp.151-175.
石隈利紀 1999 学校心理学 誠信書房
石隈利紀 2004 学校心理学とその動向：心理教育的 援助サービスの実践と理論の体系をめざして 心理学評論, 47, 332-347.
石隈利紀・小野瀬雅人 1997 スクールカウンセラーに求められる役割に関する学校心理学的研究：子ども・教師・保護者を対象としたニーズ調査の結果より 平成6年度〜平成8年度科学研究費補助金（基盤研究(c)(2)）研究成果報告書06610095
Israelashvili,M. 1999 Adolescent's help-seeking behaviour in times of community crisis. *International Journal for the Advancement of Counselling, 21*, 87-96.
伊藤正哉・小玉正博 2005 自分らしくある感覚（本来感）とストレス反応，およびその対処行動との関係 健康心理学研究, 18, 24-34.
岩瀧大樹 2007 中学生の教師への援助要請スキルに関する調査研究―学校生活適応との関連に注目して― 昭和女子大学大学院生活機構研究科紀要, 16, 85-98.
岩瀧大樹・山崎洋史 2008 中学生への教育相談的援助サービスに関する研究―教師への援助要請スキルとパーソナリティとの関連―東京海洋大学研究報告, 4, 27-35.
海津亜希子 2005 実践上の課題に対する研究の貢献性―特別支援教育コーディネーターに焦点をあてて― 教育心理学年報, 44, 119-125.
金子久美・赤松亜紀・高橋史・五十嵐友里・植田健太・小野久美子・嶋田洋徳 2004 ストレスコーピングに対する主観的満足度がストレス反応に及ぼす影響(1) ストレスマネジメント学会第3回学術大会, 68.
笠原 正洋 2002 自己隠蔽，カウンセリング恐怖，問題の認知と援助要請意図との関連 中村学園研究紀要, 34, 17-24.
粕谷貴志・河村茂雄 2002 学校生活満足度尺度を用いた学校不適応のアセスメントと介入の視点：学校生活満足度と欠席行動との関連および学校不適応の臨床像の検討 カウンセリング研究, 35, 116-123.
河村茂雄・武蔵由佳・粕谷貴志 2005 中学校のスクールカウンセラーの活動に対する意識と評価 配置校と非配置校の比較 カウンセリング研究, 38, 12-21.
Kendall,P.C. 1992 Healthy thinking. *Behavior Therapy, 23*, 1-11.
木村真人・水野治久 2004 大学生の被援助志向性と心理的変数との関連について 学生相談・友達・家族に焦点をあてて カウンセリング研究, 37, 260-269.
Komiya,N., Good,G.E., & Sherrod,N.B. 2000 Emotional openness as a predictor of college student's attitudes toward seeking psychological help. *Journal of*

Counseling Psychology, 47, 138-143.

Kuhl,J., Jarkon-Horlick,L., & Morrisey,R. 1997 Measuring barriers to help-seeking behavior in adolescents. *Journal of Youth and Adolescence, 26*, 637-650.

Kung,W.W. 2003 Chinese Americans' help seeking for emotional distress. *Social Service Review, 77*, 110-134.

Latané,B. & Darley,J.M. 1970 *The unresponsive bystander: Why doesn't he help?* Appleton-Century Crofts.（竹村研一・杉崎和子（訳）1977 冷淡な傍観者―思いやりの社会心理学 ブレーン出版）

Lieberman,M.A. & Mullan,J.T. 1978 Dose help help? The adaptive consequences of obtaining help from professionals and social networks. *American Journal of Community Psychology, 6*, 499-517.

松井 豊 1997 攻撃と援助 堀洋道・山本眞理子・吉田富二雄（編著）新編 社会心理学 福村出版 Pp.170-187.

松井 豊 2001 書評 高木 修（監修）西川正之（編）『シリーズ21世紀の社会心理学4 援助とサポートの社会心理学 助けあう人間のこころと行動』（2000年5月，北大路書房，134項）社会心理学研究，*16*, 193-194.

三川俊樹 1988 青年期における生活ストレッサーと対処行動に関する研究 カウンセリング研究，*21*, 1-13.

Millman,E.J. 2001 The mental health and biosocial context of help-seeking in longitudinal perspective: the midtown longitudinal study, 1954 to 1974. *American Journal of Orthopsychiatry, 71*, 450-456.

南 隆男・稲葉昭英・浦 光博 1988「ソーシャルサポート」研究の活性化に向けて―若干の資料―哲学，*85*, 151-184.

三浦正江・坂野雄二・上里一郎 1998 中学生がストレッサーに対して行うコーピングパターンとストレス反応の関連 ヒューマンサイエンスリサーチ，*7*, 177-189.

水野治久 2007 中学生が援助を求める時の意識・態度に応じた援助サービスシステムの開発 平成16年度～18年度科学研究費補助金（基盤研究（c）(1)）研究成果報告書16530423

水野治久・石隈利紀 1998 アジア系留学生の被援助志向性と適応に関する研究 カウンセリング研究，*31*, 1-9.

水野治久・石隈利紀 1999 被援助志向性，被援助行動に関する研究の動向 教育心理学研究，*47*, 530-539.

水野治久・石隈利紀 2001 アジア系留学生の専門的ヘルパー，役割的ヘルパー，ボラ

ンティアヘルパーに対する被援助志向性と社会・心理学的変数の関連 教育心理学研究, *49*, 137-145.

水野治久・石隈利紀・田村修一 2003 中学生を取り巻くヘルパーからのソーシャルサポートと適応に関する研究 コミュニティ心理学研究, *7*, 35-46.

水野治久・石隈利紀・田村修一 2006 中学生を取り巻くヘルパーに対する被援助志向性に関する研究―学校心理学の視点から― カウンセリング研究, *39*, 17-27.

文部科学省 2003 今後の特別支援教育の在り方について（最終報告）

文部科学省 2006 平成18年度児童生徒の問題行動等生徒指導上の諸問題に関する調査

文部科学省 2007 児童生徒の教育相談の充実について―生き生きとした子どもを育てる相談体制づくり―（報告）

Mowbray, C.T., Megivern, D., & Strauss, S. 2002 College students' narratives of high school experiences: coping with serious emotional disturbance. In Fristad M.A. (Ed.) *Handbook of serious emotional disturbance in children and adolescents*, 14-29.

村山 航・及川 恵 2005 回避的な自己制御方略は本当に非適応的なのか 教育心理学研究, *53*, 273-286.

Nadler,A. 1990 Help-seeking behavior as a coping resource. In Rosenbaum M. (Ed) *Learned Resourcefulness: On Coping Skills, Self-Control, and Adaptive Behaviors*. New York: Springer. Pp.127-162.

Nadler,A. 1991 Help-seeking behavior: Psychological costs and instrumental benefits.*Review of personality and social psychology, 12*, Pp.290-311.

Nadler,A. 1998 Relationship, esteem, and achievement perspectives on autonomous and dependent help seeking. In Karabenick,S.A. (Ed.), *Stragetic help seeking: Implications for learning and teaching. Mahwah:* Lawrence Erlbaum Associates. Pp.61-93.

Nadler,A. & Fischer,J.D. 1986 The role of threat to self-esteem and perceived control in recipient reaction to help: Theory development and empirical validation. In Berkowitz, L. (Ed.), *Advances in experimental social psychology*. London: Academic Press. Vol.*19*, Pp.81-122.

永井智・新井邦二郎 2005 中学生における悩みの相談に関する調査 筑波大学発達臨床心理学研究, *17*, 29-38.

永井智・新井邦二郎 2007 利益とコストの予期が中学生における友人への相談行動に与える影響の検討 教育心理学研究, *55*, 197-207.

内閣府 2008 平成19年青少年白書
西川正之 1997 主婦の日常生活における援助行動の研究 社会心理学研究, 13, 13-22.
西川正之 1998 援助研究の広がり 松井 豊・浦 光博 対人行動学研究シリーズ7 人を支える心の科学 誠信書房 Pp.115-148.
岡安孝弘・嶋田洋徳・坂野雄二 1993 中学生におけるソーシャル・サポートの学校ストレス軽減効果 教育心理学研究, 41, 302-312.
尾見康博 2002 ソーシャル・サポートの提供者と受領者の間の知覚の一致に関する研究―受領者が中学生で提供者が母親の場合― 教育心理学研究, 50, 73-80.
Ono,K., Igarashi,Y., Takahashi,H., & Kaneko,K. 2004 The influence of the subjective satisfaction about stress coping on stress responses(1). The 2nd Asian Congress of Health Psychology, 299.
小野久美子・植田健太・五十嵐友里・赤松亜紀・高橋史・金子久美・嶋田洋徳 2004 ストレスコーピングに対する主観的満足度がストレス反応に及ぼす影響(2) ストレスマネジメント学会第3回学術大会, 69.
小野瀬雅人 2004 学校心理学の方法 日本学校心理学会（編）学校心理学ハンドブック Pp.14-15.
Phillips,M.A. & Murrell,S.A. 1994 Impact of psychological and physical health, stressful events, and social support on subsequent mental health help seeking among older adults. *Journal of Consulting and Clinical Psychology, 62,* 270-275.
Rickwood,D.J. & Braithwaite,V.A. 1994 Social-psychological factors affecting help-seeking for emotional problems. *Social Science & Medicine, 39,* 563-572.
Rickwood,D.J. 1995 The effectiveness of seeking help for coping with personal problems in late adolescence. *Journal of Youth and Adolescence, 24,* 685-703.
Robinson,K.M. 1989 Predictors of depression among wife caregivers. *Nursing Research, 38,* 359-363.
坂野雄二・東條光彦 1986 一般性セルフエフィカシー尺度作成の試み 行動療法研究, 12, 73-82.
佐藤純 2005 中学生における社会的スキルと学校適応の関連―援助要請スキルを加えての検討― 日本カウンセリング学会第38回大会発表論文集, 253-254.
Schonert-Reichl,K.A. & Muller,J.R. 1996 Correlates of help-seeking in adolescence. *Journal of Youth and Adolescence, 25,* 705-731.
Sears,H.A. 2004 Adolescents in rural communities seeking help: who reports problems and who sees professionals? *Journal of Child Psychology and*

Psychiatry, 45, 396-404.

Sheffield,J.K., Fiorenza,E., & Sofronoff,K. 2004 Adolescents' willingness to seek psychological help: promoting and preventing factors. *Journal of Youth and Adolescence, 33,* 495-507.

嶋田洋徳 1998 小中学生の心理的ストレスと学校不適応に関する研究 風間書房

Srebnik,D., Cause,A.M. & Baydar,N. 1996 Help-seeking pathways for children and Adolescents. *Journal of Emotional and Behavioral Disorders, 4,* 210-220.

Sullivan,K., Marshall,S.K., & Schonert-Reichl,K.A. 2002 Do expectancies influence choice of helper?: Adolescent's criteria for selecting an informal helper. *Journal of Adolescent Research, 17,* 509-531.

田上不二夫 1999 実践スクールカウンセリング 金子書房

高木 修 1997 援助行動の生起過程に関するモデルの提案 関西大学社会学部紀要, *29,* 1-21.

高瀬克義・内藤勇次・浅川潔司・古川雅文 1986 青年期の環境移行と適応過程(1):質問紙の作成 日本教育心理学会第28回総会発表論文集, 556-557.

田村修一・石隈利紀 2001 指導・援助サービス上の悩みにおける中学校教師の被援助志向性に関する研究 バーンアウトとの関連に焦点をあてて 教育心理学研究, *49,* 438-448.

田村修一・石隈利紀 2002 中学校教師の被援助志向性と自尊感情の関連 教育心理学研究, *50,* 291-300.

田村修一・石隈利紀 2006 中学校教師の被援助志向性に関する研究―状態・特性被援助志向性尺度の作成および信頼性と妥当性の検討―教育心理学研究, *54,* 75-89.

豊田秀樹 1998 共分散構造分析〈入門偏〉構造方程式モデリング 朝倉書店

Tracey,T.J., Sherry,P., Bauer,G.P., Robins,T.H., Todaro,L., & Briggs,S. 1984 Help seeking as a function of student characteristics and program description: A logit-loglinear analysis. *Journal of Counseling Psychology, 31,* 54-62.

Trusty,J. & Harris,M.B.C. 1999 Lost talent: predictors of the stability of educational expectations across adolescence. *Journal of Adolescent Research, 14,* 359-382.

Tyssen,R., Rovik,J.O., Vaglum,P., Gronvold,N.T., & Ekeberg,O. 2004 Help-seeking for mental health problems among young physicians: is it the most ill that seeks help? A longitudinal and nationwide study. *Social Psychiatry and Psychiatric Epidemiology, 39,* 989-993.

Ueda,K., Akamatsu,A., Kaneko,K., & Takahashi,F. 2004 The influence of the subjective satisfaction about stress coping on stress responses(2). The 2nd Asian Congress of Health Psychology, 300.

植田健太・小野久美子・高橋史・赤松亜紀・五十嵐友里・金子久美・嶋田洋徳 2004 ストレスコーピングに対する主観的満足度がストレス反応に及ぼす影響(3) ストレスマネジメント学会第3回学術大会, 70.

浦光 博 2000 対人関係の光と影 西川正之（編）シリーズ21世紀の社会心理学4 援助とサポートの社会心理学 北大路書房, 118-129.

Utz,P.W. 1983 A comparison of three groups of vocationally indecisive students. *Journal of Counseling Psychology, 30,* 262-266.

山口豊一・石隈利紀・柴橋祐子 2003 生徒の悩みに関する学校心理学的研究(2)：学校不適応感の視点から 日本教育心理学会第45回総会発表論文集, 416.

山口豊一・水野治久・石隈利紀 2004 中学生の悩みの経験・深刻度と被援助志向性の関連 学校心理学の視点を生かした実践のために カウンセリング研究, *37,* 241-249.

山本眞理子・松井 豊・山成由紀子 1982 認知された自己の諸側面の構造 教育心理学研究, *30,* 64-68.

本論文を構成する研究の発表状況

【学術雑誌（査読あり）】
1) 本田真大・新井邦二郎・石隈利紀 2008 中学生の悩みの経験，援助要請行動，援助に対する評価（援助評価）が学校適応に与える影響 学校心理学研究, *8*, 49-58.
2) 本田真大・新井邦二郎・石隈利紀 2008 中学生の援助に対する評価尺度（援助評価尺度）の作成 学校心理学研究, *8*, 29-40.
3) 本田真大・石隈利紀・新井邦二郎 2009 中学生の悩みの経験と援助要請行動が対人関係適応感に与える影響 カウンセリング研究, *42*, 176-184.

【紀要（査読なし）】
1) 本田真大・新井邦二郎・石隈利紀 2008 中学生の悩みの深刻さ，援助要請時に受けた援助，受けた援助の期待との一致，援助評価と学校適応の関連の検討 筑波大学心理学研究, *36*, 57-65.

【学術雑誌等又は商業誌における解説，総説（査読なし）】
1) 本田真大 2006 私の研究紹介 日本学校心理学会ニュースレター, *13*, 5.

【国際会議におけるポスター発表（査読あり）】
1) HONDA,M., ARAI,K., & ISHIKUMA,T., 2006 The investigation of the factor structure model for a Japanese version of the Scale for Evaluations of Help for junior high school students.International Congress of Psychotherapy in Japan and The Third International Conference of Asian Federation for Psychotherapy, 102.
2) HONDA,M., ARAI,K., & ISHIKUMA,T. 2007 The relationship between evaluations of help and perceived social support. The 3rd Asian Congress of Health Psychology, 61.

【国内学会におけるポスター発表（査読なし）】
1) 本田真大・石隈利紀・新井邦二郎 2005 中学生の悩みの経験，援助要請行動，対

人関係適応感の関連の検討 日本教育心理学会第47回大会発表論文集, 654.
2) 本田真大・新井邦二郎・石隈利紀 2006a 中学生の援助に対する評価尺度（援助評価尺度）の作成(1)—探索的因子分析と被援助後の感情との関連の検討— 日本カウンセリング学会第39回大会発表論文集, 241.
3) 本田真大・新井邦二郎・石隈利紀 2006b 中学生の援助に対する評価尺度（援助評価尺度）の作成(2)—自己効力感・自尊感情との関連の検討— 日本学校心理学第8回大会発表論文集, 15.
4) 本田真大・新井邦二郎・石隈利紀 2006c 中学生の悩みの経験，援助要請行動が学校適応に与える影響 日本教育心理学会第48回大会発表論文集, 722.
5) 本田真大・新井邦二郎・石隈利紀 2006d 中学生の悩みの経験，援助要請行動，援助に対する評価（援助評価）が学校適応に与える影響 日本心理学会第70回大会発表論文集, 1133.
6) 本田真大・新井邦二郎・石隈利紀 2007a 中学生用援助要請スキル尺度の作成 日本教育心理学会第49回大会発表論文集, 722.
7) 本田真大・新井邦二郎・石隈利紀 2007b 中学生の援助要請スキルと実行されたサポートの関連の検討 日本心理学会第71回大会発表論文集, 308.
8) 本田真大・新井邦二郎・石隈利紀 2007c 中学生の悩みに対する実行されたサポートと援助評価の関連の検討 日本学校心理学会第9回大会発表論文集, 21.
9) 本田真大・新井邦二郎・石隈利紀 2008 中学生の援助要請時の状況要因と援助評価，学校適応の関連の検討—悩みの深刻さ，受けた援助，受けた援助の期待との一致に焦点をあてて— 日本心理学会第72回大会発表論文集, 316.

謝　辞

　大学4年生時の卒業論文から大学院の5年間，合わせて6年の歳月をかけて取り組んだ中学生の援助要請に関する研究を，博士論文としてまとめることができました。この博士論文を作成するにあたり，本当に多くの人々に支えていただきました。この場を借りて感謝の意を述べたいと思います。

　新井邦二郎先生には研究会を中心として多くのご指導をいただき，自由な発想のもとに研究する喜びを教えていただきました。主体的に研究に取り組むことのやりがいと責任感を共に感じながら過ごしたこの5年間は，私の人間としての成長にも大いに役立ったと思います。本当にありがとうございました。

　石隈利紀先生には卒業論文作成時の指導教員としてご指導をいただき，今に至ります。大学4年生のときには石隈ゼミの中で研究を現場に還元することの重要性と面白さを教わりました。大学院入学後には，石隈ゼミでの議論や日本各地で行われる石隈先生の研修会や講演会，そして筑波地区，大塚地区の大学院の授業を通して，学校心理学やカウンセリングの理論と実践を学びました。私が大学院に入学したとき，「師弟関係は続く」と言っていただけたこと，今でも本当に嬉しく思っています。これからも学校心理学の研究と実践を末永く続けたいと思っています。よろしくお願いいたします。

　この博士論文の副査として論文を読み，ご意見をいただきました濱口佳和先生，近藤正英先生，ありがとうございます。先生方のお力添えによって，さらによい論文にすることができました。

　筑波大学の多くの先生方に，研究会や授業を通してご指導・ご意見をいただきました。本当にありがとうございました。大学院の先輩・後輩の皆様，研究会や勉強会で意見を交換したり，遊んだり，サッカー観戦に行ったり，

日頃の何気ない会話のやり取りや気遣いに癒されたり，どれも大切な思い出です。とりわけ永作稔さん，佐藤寛さんには，大学院入学時より研究計画について徹底的にご指導いただきました。2人が大学院を修了してからも，学会で会う度に気にかけてもらえることは研究をし続ける上で大きな励みになりました。公私共に大変お世話になっているのは細越寛樹さんです。私が大学3年生のときに大学院入試の勉強方法を教えてもらってから，大学院では細越さんを目標に努力してきました。研究と臨床に対する真摯な姿勢に憧れています。これからも末永くよろしくお願いします。そして大学院の同期の石川満佐育君，石村郁夫君，大津絵美子さん，高岸百合子さん，中井大介君，松田侑子さん，三重野祥子さん。既に社会に出て，大学院で学んだことを活用しつつ研鑽を積んでいる同期もいますね。これからも末永くよろしくお願いします。

　石隈ゼミの先輩方や内地留学生として石隈ゼミに来られた小・中・高校教師の方々との出会いも財産です。研究者としての先輩，臨床家としての先輩，教師という別の道を歩んでいる先輩，そして人生の先輩でもあるみなさんと共に過ごした時間は私にはとても刺激的で有意義なものでした。その中でも特にご一緒することが多く，博士論文に多大な示唆を頂いた飯田順子先生，家近早苗先生，瀬戸美奈子先生，田村修一先生，田村節子先生，水野治久先生，山口豊一先生，これからも息子（弟？）のように，かわいがってください。

　博士論文を作成するにあたり，調査協力校を紹介していただいた茨城県スクールカウンセラーの半田一郎先生，適応指導教室（当時）の神谷文子先生，本当にありがとうございました。心の教室相談員の活動や適応指導教室では，小・中学生への援助に関しても多くのご指導をいただきました。これからもたくさんのことを勉強させていただきたいと思っています。筑波大学のセルフ研究会の皆様，大学の枠を超えた援助要請研究会の皆様，同世代の研究者の姿に刺激され，励まされ，焦りも覚えて研究に取り組めました。こ

れからも互いに努力し続けましょう。

　こうして大学院生として生活できたのも家族の支えのおかげです。27歳の今まで支えてもらえなければ，こうして博士論文を書くことはできませんでした。最後の1年間は日本学術振興会特別研究員に採用されており，経済的に負担をかけずに済むことに肩の荷が下りたのですが，家族は経済的なことよりも私の勉学の成果が実ったことの方を大変喜んでくれました。勉強する時間と環境を与えてくれた家族に，本当に感謝しています。これからも少しずつ，恩返ししていきます。

　最後に，博士論文の調査研究にご協力いただきました延べ26校の中学校の先生方と9,629名の中学生の皆様に感謝いたします。加えて，博士論文には含まなかった調査にご協力いただいた方々もいます。延べ8校の中学校の先生方と1,548名の生徒の皆様，サブテーマである子育ての援助要請の研究にご協力いただきました延べ8園の幼稚園の先生方とお子様を通わせている1,112名の母親の皆様（うち，655名からご回答頂きました），私の一つ一つの研究が私自身の力となり，博士論文を作成する基盤になりました。述べ42の中学校および幼稚園の先生方と12,289名の皆様のご協力，本当にありがとうございます。

　ここに書ききれなかった多くの方々のお力添えもあり，今の私とこの博士論文があります。多くの皆様に本当に感謝しています。ありがとうございました。そして，これからもよろしくお願いいたします。

2009年2月

　本書は筑波大学大学院にて執筆した博士論文に一部修正を加えたものであり，独立行政法人日本学術振興会2018年度科学研究費助成事業（科学研究費補助金）（研究成果公開促進費）（課題番号18HP5192）の助成を得て行われました。出版にあたっては，風間書房の風間敬子様，斉藤宗親様にご尽力いただきました。誠にありがとうございました。

謝辞

　博士論文の執筆から約10年が経過しましたが，援助要請の困難さ，とりわけ相談しない（できない，ためらう）心理は本書執筆時点である2018年現在においても依然として重要な社会問題です。筆者はこの10年の間に「援助要請に焦点を当てたカウンセリング」を提唱し，これまでの援助要請への介入研究や個別事例への援助の体系化をめざしています。本書には「援助要請に焦点を当てたカウンセリング」の発展を支える重要な基礎研究が多数掲載されています。本書の出版を契機に，さらに援助要請の研究と実践を進めたいと思います。

　2018年6月

本田　真大

資　　料

資料1：3領域版悩みの経験尺度（研究1）
資料2：3領域版援助要請行動尺度（研究1）
資料3：悩みの経験尺度（研究2，3，8，10）
資料4：援助要請行動尺度（研究2，3，8，10）
資料5：援助評価尺度候補項目収集の自由記述質問項目（研究4）
資料6：援助要請行動の有無を尋ねる項目（研究5，6，7，8，9，10）
資料7：援助評価尺度（研究5，6，7，8，9，10）
資料8：援助要請時に受けた援助尺度（研究9，10）

本研究で使用した以下の尺度は掲載を省略した。

対人関係適応感尺度（研究1）
ストレス反応尺度（研究2，3，8，10）
学校生活享受感尺度（研究2，3，8，10）
自己効力感尺度（研究6）
自尊感情尺度（研究7）
知覚されたサポート尺度（研究7）
学校心理学的適応感尺度（研究9）

資料1：3 領域版悩みの経験尺度（研究1）

あなたがこの半年位の間に，まわりの人に相談に乗ってもらった経験について質問します。以下の1～5の数字であなたに最も当てはまる数字に○をつけてください。

	まったくない	少しある	何回かある	たくさんある	非常にたくさんある
1　もっと成績を伸ばしたいときや，自分にあった勉強方法が知りたかったとき，					
1　家族に相談したことが…	1	2	3	4	5
2　先生に相談したことが…	1	2	3	4	5
3　友人に相談したことが…	1	2	3	4	5
2　意欲がわかず，勉強する気になれなかったとき，					
1　家族に相談したことが…	1	2	3	4	5
2　先生に相談したことが…	1	2	3	4	5
3　友人に相談したことが…	1	2	3	4	5
3　友だちとの付き合いをうまくやれるようにしたいと思ったとき，					
1　家族に相談したことが…	1	2	3	4	5
2　先生に相談したことが…	1	2	3	4	5
3　友人に相談したことが…	1	2	3	4	5
4　自分の性格や外見（顔つきや体つき）のことで気になることがあったとき，					
1　家族に相談したことが…	1	2	3	4	5
2　先生に相談したことが…	1	2	3	4	5
3　友人に相談したことが…	1	2	3	4	5
5　自分の能力や適性,進路（進学先）や生き方（将来の職業）について情報や助言がほしかったとき，					
1　家族に相談したことが…	1	2	3	4	5
2　先生に相談したことが…	1	2	3	4	5
3　友人に相談したことが…	1	2	3	4	5
6　進学や就職のための勉強や準備にやる気がおきないとき，					
1　家族に相談したことが…	1	2	3	4	5
2　先生に相談したことが…	1	2	3	4	5
3　友人に相談したことが…	1	2	3	4	5

資料2：3領域版援助要請行動尺度（研究1）

あなたがこの半年位の間に，まわりの人に相談に乗ってもらった経験について質問します。以下の1～5の数字であなたに最も当てはまる数字に○をつけてください。

		まったくない	少しある	何回かある	たくさんある	非常にたくさんある
1	もっと成績を伸ばしたいときや，自分にあった勉強方法が知りたかったとき，					
	1　家族に相談したことが…	1	2	3	4	5
	2　先生に相談したことが…	1	2	3	4	5
	3　友人に相談したことが…	1	2	3	4	5
2	意欲がわかず，勉強する気になれなかったとき，					
	1　家族に相談したことが…	1	2	3	4	5
	2　先生に相談したことが…	1	2	3	4	5
	3　友人に相談したことが…	1	2	3	4	5
3	友だちとの付き合いをうまくやれるようにしたいと思ったとき，					
	1　家族に相談したことが…	1	2	3	4	5
	2　先生に相談したことが…	1	2	3	4	5
	3　友人に相談したことが…	1	2	3	4	5
4	自分の性格や外見（顔つきや体つき）のことで気になることがあったとき，					
	1　家族に相談したことが…	1	2	3	4	5
	2　先生に相談したことが…	1	2	3	4	5
	3　友人に相談したことが…	1	2	3	4	5
5	自分の能力や適性，進路（進学先）や生き方（将来の職業）について情報や助言がほしかったとき，					
	1　家族に相談したことが…	1	2	3	4	5
	2　先生に相談したことが…	1	2	3	4	5
	3　友人に相談したことが…	1	2	3	4	5
6	進学や就職のための勉強や準備にやる気がおきないとき，					
	1　家族に相談したことが…	1	2	3	4	5
	2　先生に相談したことが…	1	2	3	4	5
	3　友人に相談したことが…	1	2	3	4	5

資料3：悩みの経験尺度（研究2，3，8，10）

あなたはここ1ヶ月の間に次のことでどのくらい悩みましたか？以下の1～5の数字で，あてはまる数字一つに○をつけて下さい。

	全くあてはまらない	少しあてはまる	ある程度あてはまる	かなりあてはまる	非常によくあてはまる
1 もっと成績を伸ばしたい，自分にあった勉強方法が知りたいと思い，悩んだことがあった。	1	2	3	4	5
2 友だちとの付き合いがうまくいかず，悩んだことがあった。	1	2	3	4	5
3 自分の性格や外見（顔つきや体つき）のことで気になることがあり，悩んだことがあった。	1	2	3	4	5
4 自分の能力や適性，進路（進学先）や生き方（将来の職業）について悩んだことがあった。	1	2	3	4	5
5 自分の健康状態（体の調子が悪いなど）や体質や成長（自分の体が大人らしくなること）のことで気になることがあり，悩んだことがあった。	1	2	3	4	5

資　料　197

資料4：援助要請行動尺度（研究2，3，8，10）

あなたはここ1ヶ月の間に，次のことで，親（保護者），きょうだい，先生，友だち，スクールカウンセラー，その他の人などに相談したことが，合わせてどのくらいありましたか？以下の1～5の数字で，あてはまる数字一つに○をつけて下さい。

	まったくない	少しある	何回かある	たくさんある	非常にたくさんある
1　もっと成績を伸ばしたい，自分にあった勉強方法が知りたいと思ったときに相談した。	1	2	3	4	5
2　友だちとの付き合いがうまくいかなかったときに相談した。	1	2	3	4	5
3　自分の性格や外見（顔つきや体つき）のことで気になることがあったときに相談した。	1	2	3	4	5
4　自分の能力や適性，進路（進学先）や生き方（将来の職業）について情報や助言がほしかったときに相談した。	1	2	3	4	5
5　自分の健康状態（体の調子が悪いなど）や体質や成長（自分の体が大人らしくなること）のことで気になることがあったときに相談した。	1	2	3	4	5

資料5：援助評価尺度候補項目収集の自由記述質問項目（研究4）

友人，先生，親，きょうだいなどに相談したときのことをお聞きします。
　あなたが悩みを相談したときやその後に経験した，あなた自身の考えや気持ちについてお聞きします。思いつくことをできるだけたくさんお書きください。

1．あなたが悩みを相談したときやその後で，良かったと思ったことはどんなことですか？　思いつくことをいくつでも答えて下さい。
例）話せて安心した，どうすればいいか分かった，

2．あなたが悩みを相談したときやその後で，嫌だったことや相談しなければよかったと思ったことはどんなことですか？　思いつくことをいくつでも答えて下さい。
例）悩みをばらされた，もっと悩むようになった，

3．あなたが悩みを相談したときやその後で，悩みに対する見方や考え方，悩みへの取り組み方にどのような変化がありましたか？　思いつくことをいくつでも答えて下さい。
例）自分がどんなことで悩んでいるのかがはっきりした，どうすればいいか分かった，

4．あなたは悩みを相談したときやその後で，「私は他の人に支えられている」「楽になった」と感じたことはありますか？　当てはまる方に○をつけてください。
　　　　　　　　　　　　はい　　　　　いいえ

　はいと答えた方にお聞きします。あなたはなぜそのような気持ちを感じたと思いますか？　思いつくことをいくつでも答えて下さい。
例）話を真剣に聞いてくれたから，はげましてくれたから，

5．あなたは悩みを相談したときやその後で，「私は傷ついた」「余計苦しくなった」と感じたことはありますか？　当てはまる方に○をつけてください。
　　　　　　　　　　　　はい　　　　　いいえ

　はいと答えた方にお聞きします。あなたはなぜそのような気持ちを感じたと思いますか？　思いつくことをいくつでも答えて下さい。
例）自分が弱い人間に思えたから，言われたくなかったことを言われたから，

| 資料6：援助要請行動の有無を尋ねる項目（研究5，6，7，8，9，10） |

　あなたは中学校に入学してから今までの間に，悩みを親（保護者），先生，友だち，きょうだい，その他の人などに相談したことはありますか？　あてはまるほうに○をつけて下さい。

　　　　　　　　はい　　　　いいえ

資料7：援助評価尺度（研究5，6，7，8，9，10）

あなたがその悩みを相談したときのことをふりかえってみて下さい。あなたがその悩みを相談したときやその後で，次のことをどの程度思ったり考えたりしましたか？あてはまる数字一つに○をつけて下さい。

		あてはまらない	ややあてはまらない	ややあてはまる	あてはまる
1	どうすればいいかがはっきりした	1	2	3	4
2	自分の気持ちの入れかえができた	1	2	3	4
3	自分は一人じゃないんだと思った	1	2	3	4
4	相談する前よりももっと悩んだ	1	2	3	4
5	どんなことで悩んでいるのかはっきりした	1	2	3	4
6	自分が甘えていると思った	1	2	3	4
7	自分と同じ悩みを持っている人もいると思った	1	2	3	4
8	自分の味方をしてくれる人がいると思った	1	2	3	4
9	自分の心にもやもやしたものが残った	1	2	3	4
10	一人で悩まなくてもいいんだと思った	1	2	3	4
11	うらぎられたと思った	1	2	3	4
12	悩みが小さくなった	1	2	3	4
13	悩みがあるときには，自分が悩んでいることを認めようと思った	1	2	3	4
14	自分が他の人に頼りすぎていると思った	1	2	3	4
15	悩みの重さはそのままだった	1	2	3	4
16	自分の意見が消えてしまった	1	2	3	4
17	自分がどうすればいいか余計に分からなくなった	1	2	3	4
18	悩みから逃げずに立ち向かおうと思った	1	2	3	4
19	悩んでいることをまずは自分でどうにかしようと思った	1	2	3	4
20	自分にはいい相談相手がいると思った	1	2	3	4
21	自分にはできないことがたくさんあると思った	1	2	3	4
22	自分が何もかも悪いと思った	1	2	3	4
23	自分の考えとは違ういろいろな考えに気づいた	1	2	3	4
24	相談した相手に迷惑をかけたと思った	1	2	3	4
25	悩んだときには自分はこうすればいいというやり方が分かった	1	2	3	4
26	他の人の意見にふりまわされた	1	2	3	4
27	悩むことはだれにでもあると思った	1	2	3	4
28	なぜうまくいかなかったのかが分かった	1	2	3	4
29	ばかにされたと思った	1	2	3	4
30	自分のことを分かってくれる人がいると思った	1	2	3	4

資料8：援助要請時に受けた援助尺度（研究：9，10）

あなたがその悩みを相談した時，相談相手はあなたに以下のようなことを，実際にどのくらいしてくれましたか？あてはまる数字一つに○をつけて下さい。

		まったくしてくれなかった	あまりしてくれなかった	ある程度してくれた	十分してくれた
1	あなたが落ち込んでいると，元気づけてくれた	1	2	3	4
2	あなたの悩みに対して，その人の意見を言ってくれた	1	2	3	4
3	あなたがどうしてよいか分からなくなったことを，手伝ってくれた	1	2	3	4
4	あなたが経験したいやな思いについてなぐさめてくれた	1	2	3	4
5	あなたががんばっていることを指摘してくれた	1	2	3	4
6	あなたが自分ひとりじゃできないことを手伝ってくれた	1	2	3	4
7	あなたに起こったうれしいことを自分のことのように喜んでくれた	1	2	3	4
8	あなたの悩んでいることがうまくいくためのやり方を教えてくれた	1	2	3	4
9	あなたなりに努力したところに気づいて，それを言ってくれた	1	2	3	4
10	あなたが必要としている物や場所を貸してくれた	1	2	3	4
11	あなたが自分の悩みとうまくつきあうために，どうしたらよいか教えてくれた	1	2	3	4
12	あなたがしていることで前よりも良くなったところを指摘してくれた	1	2	3	4
13	あなたが悩んでいることを何とかするための機会（チャンス）を与えてくれた	1	2	3	4
14	あなたの悩みに関わる周囲の状況について教えてくれた。	1	2	3	4
15	あなたの悩みを何とかするために，あなたの代わりに他の人に頼んでくれた	1	2	3	4
16	あなたが悩みや不満をぶちまけても，いやな顔をしないで聞いてくれた	1	2	3	4
17	あなたが失敗したことに対して，あなたと一緒に行動して，助けてくれた	1	2	3	4
18	あなたのしていることについて改善するよう言ってくれた	1	2	3	4
19	あなたにとって役に立つ情報をくれた	1	2	3	4
20	あなたのことをとても大切にしてくれた	1	2	3	4
21	あなたの悩みを小さくするために，周囲の環境や状況を変えてくれた	1	2	3	4
22	あなたのしていることでいいところを言ってくれた	1	2	3	4
23	あなたのしたことが今後どうなるかという見通しを説明してくれた	1	2	3	4
24	あなたが失敗したことを一生けんめいはげましてくれた	1	2	3	4
25	あなたができることを考えた上でのアドバイスをしてくれた	1	2	3	4
26	あなたがしたことをほめてくれた	1	2	3	4
27	あなたのことを心配して，声をかけてくれた	1	2	3	4
28	あなたがしていることで直した方がよいところを言ってくれた	1	2	3	4

注）研究10では本尺度のうち，7，10，11，14，17，19，24，28の8項目が用いられた。

[著者略歴]

本田　真大（ほんだ　まさひろ）

北海道教育大学教育学部函館校　准教授
博士（心理学），臨床心理士，学校心理士

1981年，新潟県生まれ。筑波大学第二学群人間学類心理学主専攻卒業。筑波大学大学院一貫制博士課程人間総合科学研究科修了。日本学術振興会特別研究員，北海道教育大学教育学部函館校専任講師を経て2015年4月より現職。
2011年，日本カウンセリング学会奨励賞（第35号）受賞。2013年，日本コミュニティ心理学会第16回大会学会発表賞（口頭発表部門）受賞。
主な著書は，『援助要請のカウンセリング―「助けて」と言えない子どもと親への援助―』『いじめに対する援助要請のカウンセリング―「助けて」が言える子ども，「助けて」に気づける援助者になるために―』（金子書房，単著）など。

中学生の援助要請行動と学校適応に関する研究
―援助評価の検討―

2018年10月31日　初版第1刷発行

著　者　　本　田　真　大
発行者　　風　間　敬　子
発行所　　株式会社　風　間　書　房
〒101-0051　東京都千代田区神田神保町1-34
電話03(3291)5729　FAX 03(3291)5757
振替00110-5-1853

印刷　藤原印刷　　製本　高地製本所

©2018 Masahiro Honda　　　　　NDC 分類：140
ISBN978-4-7599-2241-7　　Printed in Japan

JCOPY 〈(社)出版者著作権管理機構　委託出版物〉
本書の無断複製は，著作権法上での例外を除き禁じられています。複製される場合はそのつど事前に(社)出版者著作権管理機構（電話03-3513-6969，FAX 03-3513-6979, e-mail: info@jcopy.or.jp）の許諾を得て下さい。